JN154163

短編小説をひらく喜び

金井雄二

港の人

「ところで、本というものは大事なものなんだよ」と私は息子に言う
「本にはそれぞれ生命があるのだ。勿論作家がすなわち本だ。なぜって、作家が本を書くのだから。でも一度本に書いてしまえば、本は本としての生命を持つのだ」

ウィリアム・サローヤン（古沢安二郎訳）
「椅子に、どうぞ」『サローヤン短篇集』新潮文庫より

短編小説をひらく喜び　目次

中・高生の人たちに

虚構の中の真実

アメリカにもある私小説

版画　正一
装幀　菅渉宇

中・高生の人たちに

本は読まなければいけない

コナン・ドイル「シャーロック・ホームズの冒険」

バカでもいいから本を読もう！　中学校時代、ぼくは勉強ができなかった。でも、本だけはたくさん読んだ。これは事実だ。勉強というものをまるでしなかった。したがって、頭がいいとか、悪いとかをいえるような状態ではなかったかもしれない。野球部に入っていて、毎日練習に明け暮れていたという状況もある。勉強なんかしなくったっていいや、とのんびり構えていたかもしれない。ぼくにはしなければならないことがあったのだ。もちろんそれは、本を読むこと。

書物というものにもともと興味があったことも手伝って、小学校の高学年頃から、図書室の本を借りては読みふけっていた。伝記のたぐいから、宮沢賢治の童話などを読んでいたが、そこで一冊の本にめぐり合う。たしか、『夜光怪獣』という題名だったように記憶する。これは、ポプラ社からでていた、ホームズものの訳で、『バスカヴィル家の犬』なのだ。訳というよりは山中峯太郎の翻案ともいうべき本で、子どものぼくにはものすごく刺激的だった。物語の途中、たしか、谷で待ち伏せしていたワトスンがホームズと暗闇の中で偶然に出会う場面があった。（この本は今手元にないので、すべて記憶で書いている。）そして、親友ともいえるホームズとの出会いに歓喜するのだが、他のホームズものをまったく知らないので、意味がよくわからない。「どれほどに親しい仲なのか、他の物語を読まなくちゃ、ぜんぜん意味が通じないや！」と読んでいたぼくは落胆したのだ。

ぼくの本当の読書はそこからはじまった。まず、このホームズとやらを全部読んでみよう、と思いたった。ポプラ社版、山中ホームズは、がんがんと読めた。次いでルパンに移る。それもほとんど小学校時代に読んだ。そして、中学。ポプラ社版、山中ホームズは何やら、胡散臭い感じがしていたので、今度は大人向けのホームズを読んでみようと思いたったのだ。

創元推理文庫には阿部知二訳の「ホームズ」物語が訳されており、ぼくは驚愕した。なんて、おもしろいのだろう、と。とくに『シャーロック・ホームズの冒険』は珠玉の短編集だ。その気持ちは、今に至っても変わらない。ホームズが一度だけ恋をした女性が登場する「ボヘミアの醜聞」からはじまって、かの有名な「赤髪連盟」、最高傑作の「唇のねじれた男」、不気味な味の「まだらの紐」などなど。個人的には「ボスコム渓谷の惨劇」と「技師の親指」が好きだけど。野球部の辛い練習が終わって、一人で本を読む時間のなんとすばらしかったこと！　黙々と読みふけった。ホームズはもとより、SFも少なからず読んでいて、『透明人間』なども創元推理文庫で読んだ。文庫の最後には必ず目録が載っている。本格推理小説というところには、『ベンスン殺人事件』『カナリヤ殺人事件』、というふうに。ぼくは目録に載っている本を片っ端から読む決意をした。考えてみれば、一念発起の決意を勉強に持っていけば、もうちょっとランクが上の高校、大学へいけたかもしれない。だいたい二冊ぐらいは掛け持ちをして読んでいた。頭の中は犯人探しで躍起になり、トリック打破にむけてフル回転していた。とても勉強の入り込む隙間はなかったのだ。海外の本格推理小説と並行して、江戸川乱歩、横溝正史（この時期流行った！）なども読みだしていた。小栗虫太郎とか、久生十蘭なども読んでいたが、特に夢野久作が好きで、『ドグラ・マグラ』にハマってしまった。純文学に移るのはもっとあとだった。そして現代詩はもっと、もっと、ずっとあと、のことだったのだ。

「本は読まなければいけない」と断言しよう。「本は読んだほうがいい」とか「読まなくても生きていけるから読まない」とか、そうではなく、「本は読まなければいけない」のだ。ご飯も食べなくてはいけない。お風呂に入らなければいけない。排泄もしなければいけない。ならば、「本は読まなければいけない」のだ。最初はどんなものでもいい。マンガだっていい。もちろん、おもしろさだけを追求してもいいのだ。

ただ、それだけのものに満足しないでほしい。自分の中で、次に読みたいものを充満させておくのだ。一歩先に進んだ読書を目指すのがいい。自分で吸収し得る知識の全部を、本から吸い取ってもらいたい。

ぼくは、ミステリーを読むことからはじまった。よかったのか悪かったのかはわからないが、自然に文学と呼ばれるものに入りこみ、いつしか現代詩にも触れることになった。そしていつも、本を読みながら求め続けていたものは、本物だ。人間としての純粋なもの、真実というものを探し続けてきた。今でも読書する気持ちとして、なくしたくないものである。

突然だが、人間、どこまで行っても独りなのだ。そのことを忘れないように。自分は独りでしかない。どんなに好きな人と抱きしめ合っても、しょせん独りに戻っていく。だからこそ人は、言葉でもって繋がりあっていかなければならない。心と心がガチッとうまーくかみ合っていかなければだめだ。言葉で繋がり、自分を確かめ、生きていく。出会いを大切にしよう、と人はいう。生身の人間が出会うことを、大切にして暮らしていく。本だって、同じだ。書物には書いた人の言葉が宿る。著者の思想が詰まっているのだ。本の中には、人間そのものがいるのと同じだ。人が出会うすばらしさと同じように、本と出合うこともまたすばらしいことだ。

「本は読まなければいけない」という根拠は、人が繋がりあって生きていかなければならないのなら、同様に本とも繋がりあわなければならない、というところにある。言葉というすてきな道具が人間にあるかぎり、これは永遠に続くだろう。

本を開けば、名探偵ホームズに出会うことができる。そしてワトスン先生に出会い、つまりはコナン・ドイルという英国の医者あがりの作家に出会える。そこではまた、ふてぶてしい殺人犯に出会い、悩みをもつ美しい金髪の女性に出会い、英国の田舎町の風景に出合える。そして、物語の中で言葉とともに、また何度でも出合うことができるのだ。

数学も英語も得意ではなかったけれど、本を読む、ということはどういうことか、意識もせずにわかっていたのかもしれない。バカでもいいから本を読もう！

アーサー・コナン・ドイル　一八五九—一九三〇。イギリスの作家、医師。スコットランド・エディンバラ生まれ。推理小説、歴史小説、SF小説などを多数執筆した。とくに名探偵シャーロック・ホームズと友人で医師のジョン・H・ワトスンが活躍する「シャーロック・ホームズ」シリーズの推理小説で知られる。

想像はすべてを超える！

レイ・ブラッドベリ「使者」

レイ・ブラッドベリの小説は、中学生の頃に読んでいる。あの頃は、創元推理文庫にハマっていて、片っ端から読んでいた。ヴァン・ダインの『ベンスン殺人事件』『カナリヤ殺人事件』『グリーン家殺人事件』、そしてエラリー・クイーン、アガサ・クリスティ、ディクスン・カー、クロフツなど。そもそも、『シャーロック・ホームズの冒険』が発端だった。創元推理文庫を知り、ホームズを全部読破し、海外のミステリーに目覚めてしまったのだ。若さとは恐ろしいもので、持っている力、すべてを読書につぎ込んでいたのかもしれない。ブラッドベリは確か、恐竜がでてくる話を読んだ気がするので、調べてみたら、「霧笛」という小説だった。それから湖底に沈んだままの少女の死体が見つかる話の「みずうみ」を覚えていた。あとは、みんな忘れているみたい。これから紹介する小説は「使者」。これも、読んでいるのかもしれないが定かではない。ただ、ブラッドベリを読み返して、この作品が気に入った。

詩も小説も、いや、芸術一般に、イメージを喚起させるということはだいじだ。これはかなり重要な要素になる。読む相手に想像させる、当たりまえのことだがこれは意外にむずかしい。

病気でベッドから離れられない少年マーティンがいる。だが彼には、外の様子を知らせてくれる、貴重な友人、いや、犬がいた。

最初に変だな？　と思ったのは、「犬」。通常、名前があったり、愛称があったりするものだが、ただ「犬」となっているのだ。飼い犬ではないのだろうか。だから名前がないのだろうか。もちろん、そう捉えるのが常識だが、これは作者の意図であると思う。なぜなら、この犬自体が題名である「使者」なのだから。犬は犬でなく、つまりは使者なのだ。名をつけてしまったら、イメージが半減してしまうだろう。

犬はマーティンにいろいろなものを運んでくる。醗酵したリンゴの匂いとか、ドングリの殻、オガ屑など。特に土を掘り返すのが好きだ。そんな犬の首にマーティンは「訪問客大歓迎」の札を括りつける。

これは読み終わってから感じたのだが、すべてにわたって、計算されている文の構成がすばらしい。犬が、土を掘り返すことが好きなのを、前段でさりげなく残しておく。マーティンが訪問客を歓迎することも。こういう言葉があとからイメージ喚起をするのに、どれほど役立っていることか。思わず、うまいなあ！　と感じたところだ。

犬は首に着けた札のためか、マーティンにいろいろな人たちを連れてくる。やがて学校の先生、ミス・ハイトもやってくる。この若い女性教師は、本を持ってきたり、チェスをしたり、マーティンにはなくてはならぬ存在となった。だが、ある日、交通事故で急死してしまう。マーティンは母親に問いかける。


「ママ、お墓の下では、なにをしているの？　埋められて、横になっているだけ？」

「そう。じっとしているんだよ」

「横になってるの？　それだけのことかい？　おもしろくもなさそうだね」

「あたりまえだよ。遊んでいるんじゃないんだから」

「横になってばかりいたら、飽《あ》きるだろうに。どうして、ときどき起きてこないの？

神さまって、ずいぶんばかなことを——」


（宇野利泰訳）

ここでも伏線が使われていて、マーティンの言葉は重い。最初に読んだ時には、すっと読み流してしまうのだが、後半に入ってマーティンのいったことが重要になってくるのだ。秋になると、犬の様子がちょっと変わってくる。熱にうかされたような輝きがでてくる。鼻をならす。顔を痙攣させる。十月三十日、犬は走りだし戻ってこなくなったのだ。そしてやってくる万聖節。マーティンは姿を消した使者に呼び掛ける。「犬よ、帰ってこい。」と。

ちょっと話は逸れるが、言葉というのは、複数の意味が含まれていて、あるひとつだけを指し示していないことがある。先ほどの「犬」という言葉もそうだ。犬と聞いて、思い浮かべるものはなんだろう？　秋田犬か、柴犬か。チワワを思い浮かべる人もいれば、ドーベルマンのような犬を想像する人もいるだろう。でもそれは、「犬」という範疇からはみだしてはいないが、いろいろな種類がいて、意味が多岐にわたっていることがわかるだろう。だが、犬という言葉を聞いて、象を連想する人はいないはずだ。ウサギを思い浮かべる人もいない。つまり、そこには、言葉の差異があるからだ。ウサギという概念と、犬という概念に差が生じていることによって、そのものが違うものであるということが認識できるのだ。そしてこの小説のように、犬という存在がたんなる犬という意味からはみだしてしまい、何かを連れてくる使者の役割を担ってしまったとしたらどうだろう。それこそ、言葉のもとの意味が、別の意味へと変化していくことになる。犬はこの小説において、普通の犬ではなく何かを連れてくる使者として変化しているのである。

さて、ブラッドベリの「使者」に話をもどそう。

マーティンは遠くにいる犬を感じる。そしてどんどん、近づいてくるのを感じる。犬は何かを運んできた。いや、何かを連れてきたのだ。玄関の板をたたく。犬は鼻をならして、二階のマーティンのところまでくる。マーティンは犬を抱きしめるのだ。そして、気づく。犬の匂いが違っていることを。腐敗していたものに密接していた、土の匂いを。掘ってはいけない場所を掘ってきたのだ。そして感じる。階段を上がってくる苦しそうな足音を。さあ、それは何の足音なのだろうか？

緊迫した文章が続く。マーティンの期待と驚愕と不安が淡々とした文章で迫ってくる。すべてがイメージさせるように書かれている。犬が、誰かを連れてくる使者の役割をしていること、穴を掘るのが好きだったこと、訪問客を歓迎したこと、先生が死んだこと、墓の下から起きてこないかと思ったこと。すべて、ある一点を指しているのだ。

「使者」という言葉は、使者の意味が変化し、「死者」の意味に通じてはいないだろうか？ ちなみに、ブラッドベリはSF界の抒情詩人と呼ばれているそうだ。翻訳は宇野利泰という方。きっと、その訳し方もうまいのだろう。すばらしい！

レイ・ブラッドベリ 一九二〇―二〇一二。アメリカ合衆国の小説家、詩人。イリノイ州ウォキーガン生まれ。ジャンルは、SF、幻想文学、ホラー、ミステリー。四七年、短編集『黒いカーニバル』でデビュー。『火星年代記』『刺青の男』で作家としての地歩を確立する。代表作に『華氏451度』『たんぽぽのお酒』など。

淡い初恋の味

島尾敏雄「島の果て」

どちらかというと、丸くてぽっちゃりとした女の子が好きだった。美人よりもかわいいタイプだ。中学生の頃、そんな女の子に恋をした。初恋、だ。話すこともできず、遠くからボケーッとその子のことを見ていた。そもそも女の子としゃべることができなかった。好きな子にだけではなく、どんな女の子にもだ。それはもう、どうしようもなかった。ドキドキするし、顔は真っ赤になるし、何も言葉がでてこなかった。だから話にはならない。声がでるのは「おはよう」「さようなら」ぐらい。それも小さな声で。相手にはもちろん、伝わらなかったはずだ。

ぼくには姉と妹がいて、隣の家には従姉妹が四人もいた。なんだか女性に囲まれていた環境だった。でもそんなのは関係ないかな。背が低く、太っていて丸坊主（野球部は坊主）だったぼくが、すこしでもよく見られたいという自意識の過剰が、口下手な男の子になった原因なのだ。女性とうまく話すのはぼくの念願だったのだ。
「島の果て」を読んだ時、トエという女性が、この初恋の女の子と重なってしまった。そしてむかしの自分を思いおこし、なんだか懐かしい気がした。

トエがいくつになるのか誰も知らなかったのです。たいへん若く見えました。小鳥のように円い頭をしてほかの娘たちよりいくらか大きなからだつきをしていました。娘らしく太っていました。それでも体重はむやみに軽かったのです。顔だちはと言えば、ほかの島娘たちとそう違っているようにも思われなかったのですが、ただ口もとに特徴がありました。ほほえむと、口もとは横に細長くきりりとしまりました。

これは最初にでてくる、島の娘トエの描写だ。です、ます調で書かれているので、なおさら童話ふうなのかもしれない。個性的な形容がいいなあ。
戦時下、トエの住む隣部落のショハーテというところに軍隊がやってきた。その軍隊の頭目の若い中尉は、ひるあんどんのような人で、副頭目にも小言をいわれるような始末だった。朔《サク》中尉と呼ばれるその人は、それでも、自分の任務を全うしようと懸命だった。小さなボートに爆弾を積み、敵に向かって自爆するというその任務は、命令が発せられたらすぐに出発しなければならない。つまり死に向かって、突撃するのだ。朔中尉はそんな折、島の娘トエに出会う。

朔中尉もトエもその存在を耳にしていたからか、二人が出会い、恋する気持ちになるのには時間がかからなかったのだろう。いや、やはり人間というのは宿命みたいなものがあるのにちがいない。そんな気持ちに導かれて、人のいない月夜の部落を歩く朔中尉。障子越しにろうそくの光を灯し、寝そべっているトエ。二人が出会ったシーンが好きだ。


「私は誰ですか」

「ショハーテの中尉さんです」

「あなたは誰なの」

「トエなのです」

「お魚はトエが食べてしまいなさい」

トエは笑いました。トエは娘らしく太っていました。いたずら盛りの小娘のように頑丈《がんじょう》そうでした。ただ瞳《ひとみ》がいくらかななめを見ていてたよりな気《げ》でありました。その瞳を見たときに中尉さんは自分が囚《とら》われの身になってしまったことを知りました。

次第に戦況は悪化し、この部落にも敵機が飛来してくるようになる。朔中尉も洞窟の中につくった魚雷艇で、いつ出動命令がでるのかを待つ段階に入る。毎晩、逢瀬をかさねてきた、朔中尉とトエもだんだんと会えないようになってくる。出動命令がだされる前に、もういちど会いたいと思う二人は、岬の端にある塩焼き小屋で真夜中に会うことにするが、潮が高く、トエはその道程に難儀する。そのトエの会いたいという気持ちが美しい。

話は変わるが、ぼくは図書館の仕事をはじめて一年後、横浜の神奈川県立図書館に二年間交換職員として働いた。相模原から横浜まで電車通勤というわけだ。そんなある日、中学の時の初恋の女性と偶然に出会ったのだ。横浜線の電車の中で。本当に驚いた。相手の女性も驚いたに違いない。ぼくにとっては忘れるはずもない彼女だったので、勇気をふるって声をかけたら、向こうも気づいてくれたのだ。会話は弾まなかったし、けっきょく、降りる駅はぼくが先だったので、そのまま降りてしまい、すべておわり。少し疲れた顔をしていた彼女。風の便りでは、結婚して子どもがいるとか。そういうぼくもどういうわけだか結婚などしてしまい、子どもがいるのである。いや、ぼくが伝えたいのは、その時の気持ち。肉体的なものではなく、感情。プラトニック・ラブといえば聞こえはいいが、人を好きだ、という気持ちの純粋さは、いくつになっていても忘れられないものなのだ。

島尾敏雄。どこでこの作家を知ったのか忘れた。だが、好きな作家だといえる。日本が無条件降伏をする直前、魚雷艇で出撃を待っていた。死ぬことを覚悟した人間は、その後どのように生きればいいのだろうか。一体何を目指せばいいのか。この宿命を負って、書かれた文学こそは、本物であろう。島尾には、戦争文学的な要素と、紀行文的な傾向のもの、そして、夢の中を描いた小説、または私小説的な作品もある。大きくこのような傾向に分かれるような気がするが、どれも人間というものを真正面からとらえている。

代表作に『死の棘』という連作長編があり、島尾敏雄という作家を語る時、映画化されたこともあって、どうしてもこれだけがクローズアップされてしまうようだ。もちろん『死の棘』はすばらしい小説だが、この作品だけがすべてではない。ぼくが島尾の小説が好きなわけは、その文章がナイーブで清々しくもあり、すべてにおいて人間の機微があらわされているからだ。とくに「島の果て」の文章は、しなやかさがあって美しい。奥さんであるミホさんとの出会いを連想させてくれるのもいい。

それになによりも、この「島の果て」は、島尾の神経質な作品群からはちょっとはみだしているようだが、ぼくにとってはとびっきりピュアな自分を思いださせてくれる、貴重な小説のひとつなのだ。

島尾敏雄（しまお・としお）一九一七―八六。小説家。神奈川県生まれ。第二次世界大戦中、特攻隊員として出撃命令を受ける。死に直面したその体験を踏まえた作品に「出孤島記」「出発は遂に訪れず」など。ほかに精神を病んだ夫人との日々を描いた長編「死の棘」、前衛的な手法の作品「夢の中の日常」「硝子障子のシルエット」などがある。

宝石のような言葉

小川国夫「貝の声」

小川国夫の『アポロンの島』という小説、ぼくは読み通すまでに十年ぐらいかかっている。小説そのものは、「エリコへ下る道」「アポロンの島」「動員時代」「大きな恵み」の四つの章にわかれていて、全二十二編の短編が入っている。一気に読み飛ばせば、すぐに終わるだろうが、ぼくはひとつ読み終わると、そこで休憩したくなってしまう。そしてまた思いだしたかのように、（そこまでにかなりの月日を要す）ポツンと続きを読む。ストーリーがあるわけではない。作者がオートバイでヨーロッパ旅行をした体験をもとに、また、少年時代のことなども交えながら書いた、本当に珠玉の短編なのだ。

島尾敏雄が、この小説を激賞したことは有名な話で、小川国夫という小説家はそこから出発したといってもいい。

この小説を詩だ、などとはいわない。ただ、間の抜けたダラダラ散文詩や、散文的な行分け詩よりも、よっぽど緊張感をもった文章であることに間違いはない。
「貝の声」という掌編は、ヨーロッパを旅行中の浩という青年が立ち寄った、バーの中の一コマである。そこには、子どもを亡くし女房を寝とられた、もとボクシングの選手がいて、浩に話しかけてくるのだ。

――ヴィエトナム人かね……
――いや、日本人です
――ヴィエトナム人と日本人はどう違うね……
――さあ……ヴィエトナム人の方が花車《きゃしゃ》のようだな
――そうかね……あんたも細い手をしている
――日本へ行けば、細い手じゃない、と浩は自分の手を見ないで、いった。ジャンガストは、テーブルの上に置かれた、浩の手を見ていた。浩は、自分の手を動かさないように、怯えていた。
――おい、コニャックをコップで二杯持って来い、とジャンガストが給仕にいった。

そして、浩の顔を見た。浩は微笑した。浩は二人の間で何かが毀れたような気がした。

ちょっと長い引用になってしまった。すぐ見てわかるように、会話体が「　」で括られていない。会話の文と地の文とがごちゃごちゃになる。というよりは、会話の部分からすぐに地の文に移行しているのだ。それにセンテンスがすべて短い。これだけ短ければ、情景が頭に入りやすいことは確かなのだ。まあ、ぼくは散文の評論家みたいなことをいっているけど、そうじゃない。ただの一人の読者としていっているまでだ。ちなみに、この小説の文体の解説は、中村明さんという文体論・表現論の学者が『名文』（ちくま学芸文庫）という本で、しっかりと解き明かしてくれているので読んでみてください。

ぼくがこの小説で、とくに気に入っていることは、すべてが見たとおりにしか書かれていないということだ。もちろん、バーでの拳闘家との対面も、どこかで脚色があったかもしれないが、そんなことは度外視して、この場面は事実しか書かれていないと思いこむ。もちろん創作であったとしてもいい。ぼくは小説の中であっても、本当にあったこととして読んでいるまでだ。そうした思い込みからこの小説と向かい合うことによって、イメージが大きく膨らむ。異国の地で、「浜に打ち上げられた古靴のよう」なジャンガストという男を想像し、実際、その顔を見た時に、想像とは違ったと感じるという浩のことを、読んでいるぼく自身が感じる、ということがなんだかとても心に沁み込んでくるのだ。浩がジャンガストの過去を知り、悲しく思ったか悲惨に思ったか、そして慰めたのか、これから自分はどう生きるのかと思ったか、小説には何も書いてない。何も書いてないからこそ、浩の心の中が気になる。それから、読んでいる自分もそのことについてあれこれと考えている。もちろん答えはでない。むしろ、人生の小さな波紋が膨らんで巨大になるばかりだ。この短い小説の中に、消化できないほどの余韻がかくされているのが不思議だ。

小川国夫のように、オートバイでヨーロッパを旅行しようなどとは思わなかったが、学生時代はよく自転車旅行にでかけた。一日に二百キロ近く走ったこともある。旅先ではいろいろな人たちと出会い、忘れがたい思いでもある。そういう過去のことも言葉にできたらいいなと思う。今ではさすがにサイクリングはしていないが、たまには一人でふらりとハイキングにでかけてみる。柔らかな日差しをあびて、気持ちがいい。そんな時、ああ、この柔らかな日差しを言葉にできたらいいのにとも思う。ぼくも言葉がほしいのだ。

それが、自分だけの感慨ではなくて、人間という細やかな感情を持つ者のすべての糧になればいいと思う。いいや、そうではない。すべての人でなくてもいい。ある一部の人だけでもいい。どこかで誰かが読んでくれればいい。小川国夫という作家もたぶんそういう気持ちでこの小説を書いたのではないだろうか？

遠い異国の地を旅した若者の、すばらしい言葉の収穫。『アポロンの島』という小説は本当に宝石のような言葉なのだ。

小川国夫（おがわ・くにお）　一九二七―二〇〇八。静岡県生まれ。小説家。五七年に自費出版した「アポロンの島」が島尾敏雄に激賞されて注目を浴びる。自作を三筋に、第一の筋は、聖書の世界、第二の筋は、故郷を舞台に、第三の筋は、実体験を中心に私小説風に、と考えていた。主な作品に「海からの光」「試みの岸」「彼の故郷」。八六年、短編「逸民」で川端康成賞受賞。

小さな町に住む小さな自分

シャルル＝ルイ・フィリップ「小さき町にて」

　みんな、シャルル＝ルイ・フィリップという作家を知ってるかい？　ぼくはこの作家が好き。

　一八七四年八月、フランスのセリイという町の、貧しい木靴職人の子として生まれた。一九〇九年の十二月に亡くなっているから、三十五歳の短い生涯だったことになる。貧しいといっても、そんじょそこらの貧しさではなかったみたいだ。祖母は物乞いまでした。フィリップ自身も同じ体験をしたことがあるそうだ。父親は木靴職人だったが、食べていくのにも困るくらいだったという。知識欲に燃え、努力家だったフィリップはパリにでて、市役所の吏員になる。本当は大学受験に三度失敗、生活の糧をもとめてのことだった。昼間働き、夜にせっせと創作活動にいそしむ。熱中するタイプだったらしく、小説を書くことにすべてをつぎ込んでいた人だ。

ぼくはフィリップを菅原克己の詩で教えてもらった。「ビュビュ・ド・モンパルナスを読んで」という詩からだ。『ビュビュ・ド・モンパルナス』という小説は、ゴロツキから逃れられない娼婦と、貧しい青年の葛藤を書いた名編だった。そのほかにも、フィリップはまだまだすばらしい作品を残している。『朝のコント』『母と子』『母への手紙』『若き日の手紙』などだ。なかでもフィリップの名を著名にしたのは『小さき町にて』(私の所蔵本は岩波文庫、淀野隆三訳)という短編集。二〇〇三年にはみすず書房から『小さな町で』(山田稔訳)というタイトルで新訳本もでている。

さて、この小説は、パリの朝刊新聞に発表したもので、彼の死後に本として刊行されたのだそうだ。新聞の朝刊に載るような作品だから、短く、読んでみて「ふうーん、おもしろかった」で読み流してしまうこともできる。ところがなかなかどうして、今の時代に読んでも古さを感じさせない。考えさせられることがいっぱいだ。人間の本当の姿が、凝縮されているからだろう。先にぼくは、フィリップは貧しい木靴職人の子として生まれ、と書いたが、まさに、その生い立ちがフィリップの文学のすべてを支配している。別のいい方をすれば、彼には貧しい民衆の姿を書くことができたといえる。

今の文学はこの民衆という言葉を嫌う。というより、死語に近い。民衆なんてどこにいる？　多くの人が、ローンを抱えているとはいえ、マイホームをもち、車に乗り、パソコンは二台以上、携帯、スマホを持ち歩き、お金のかかる大学に入学できる。だが、民衆という言葉は使われなくても、生活していくのに苦労している人間がいるのは、いつの時代も同じこと。文学の世界では、貧しい暮らしや、働く辛さを物語るものより、しゃれた都会的センスのものがはやるのだろうか？　いったい文学とは何だろう？　受け入れられるものを書くことか？　今、現在だけを書くことか？　いろいろな文学の考え方がある。だが、もとをただせば、人間しかない。その人間を書くしかないのだ。それには自分を見つめて、自分のことを書くしかない。

フィリップは自分のことを書いた。私小説ということではなく、貧しい人間にしか見えない人間を書いたのだ。けっして背伸びをして、政治のことや、貴族の恋愛を書いたりしなかった。本当のことを、自分の目で見つめ続けていた。だからこそ、人間本来の姿が書けたのだ。もし、仮にフィリップが上流階級の出身であったなら、貴族の生活を彼なりに書いただろう。すばらしい作品になったかどうかは別問題として。

ここで少し自分のことを話すが、これは事実。ぼくの幼少年時代は本当に貧困だった。

父は働かない男で、職を転々とし、生活費を入れない。母はそれに不満で喧嘩がはじまる。父は興奮して包丁を持ちだす。母は逃げる。ぼくは父を抑える（はね飛ばされるが）。姉は母をかばう。妹は泣き叫ぶ。かくして母は隣に逃げ込む、という構図。つねにゴタゴタがあった。母親は保険の外交員として長年働き、グチをこぼす毎日。ぼくらのお弁当（中高時代）は毎日貧しいものばかり。夕飯だって、たいしたものは食べていない。着ているものだって悲惨だった。自分で思うが、よく真っ直ぐに成長したものだ。

だからフィリップの文学がよくわかる、などとはいわない。自分の文学を貫き通した、フィリップという作家が好きなのだ。毎日、父と母を見て育ち、自分はあのようにはなるまいと思って生きてきた。ぼくの文学の原点は、悲惨だがあたたかかった家族と、幼少時代にある。相模原―ぼくらは「さがみっぱら」と呼んでいた―の北風にふかれて鼻をたらし、麦畑の穂にちくちくさされ、桑の実を食べて口を汚し、かぶと虫を捕まえ、野犬に追いかけられ、大きな茶色い水溜りで遊び、ザリガニに挟まれ、そんな時代だったのだ。

フィリップの『小さき町にて』を読むと相模原が見えてくる。フランスの田舎町が舞台なのに、なんで相模原がでてくるんだろう？　もしかして、自分のことを見つめて書く、ということを、ぼくは忘れていたのではなかっただろうか。

大きなことをいう。文学には知識と教養だけがあっても駄目だ。それだけをふりかざす者はもっと駄目だ。自分の足元を見よ。真摯になれ。そして生活せよ。働け！　その中から見つけるのだ。小さな町に住んでいる小さな自分を。たったひとつの小さな言葉を。大きなことをいおうとして小さなことをいってしまった。そう、だからフィリップはいい！

シャルル＝ルイ・フィリップ　一八七四―一九〇九。フランスの小説家。靴職人の子として生まれる。貧苦のなかをめげずに生き抜かんとする人びとの姿をさわやかに描いた。作品に「母と子」「小さき町にて」「ビュビュ・ド・モンパルナス」など。

声を大にして

シャルル＝ルイ・フィリップ「ビュビュ・ド・モンパルナス」

同年代の文学好きの友人がいないせいか、詩の話も小説の話もほとんどしない。もし、そういう友人が周囲にたくさんいたとしても、たぶんこの小説については話さないかもしれない。今までどうして話さなかったのかというと、ただ単に気恥かしかったからということもあるが、ぼくにとっての偏愛的な一冊であり、他人に語りたくなかった、というのが本音である。

ぼくにとってのその偏愛的な一冊とは、パリの市役所に勤めていた貧しい作家、シャルル＝ルイ・フィリップの『ビュビュ・ド・モンパルナス』という小説だ。この小説は詩人、菅原克己の詩の中にでてくる。ぼくはそこから教わった。岩波文庫で百三十ページほどの短編といってもいい小説だ。淀野隆三訳である。

貧しいひとりの娼婦と、田舎からパリにでてきた若い青年、そしてその娼婦をとりまく、ビュビュとあだ名されるゴロツキ。それらの人間関係にあわせて、生活とよべるものがじわりと滲みでて、それが嫌みにならずにかえって清々しく感じられる。

とくに娼婦のベルトと青年ピエールの純粋さにはいつ読んでも、「いやー、どうも、どうも」という感じで頭が下がってしまうのだ。

フィリップが生きていた時代（一九〇〇年頃）と今とでは、もちろん状況は大幅に違うが、人間が生きているということに関しては何の変わりもない。この小説はパリの下町の人間と、その人間の純粋さを書ききった小説だ。現代でもけっして価値が薄れることはない。

われわれが暮らしている〝今〟という時代は、けっこう学力偏重社会であり、まずは大学ぐらいでておかないと、という偏った世の中だ。アウトローになっては、世間をうまく渡ってはいけない。仲間はずれは嫌だ。何となくそんな風が吹いている。最近は個性が重視されてきてはいるけれど、まだまだなのではないだろうか。

巷では、学校が終わってから塾へかけつける小学生が大半をしめている。塾通いの小学生を見ると、ぼくはなぜだか悲しくなる。かわいそうになる。遊びの中での勉強は、いつするのだろうかと思うからだ。みんなが行くから、ぼくもわたしも塾へ行く、というのではなんだかおかしい。むろん、社会生活の中での秩序を乱しながら生きよ、というつもりはない。右へならえで生きていても一向にかまいはしないのだが。

現代詩に関しても、同じようなことがいえるのではないだろうか？　どれもこれも画一的な詩に見える。読者を意識し、形式を考え、言葉を駆使して詩を書いていくということはもちろん念頭にあるだろうが、ちょこっとこむずかしいことを書けば、なんとなく詩を書いたような気になり満足してしまう。そういう詩が多いように思う。だが、詩はそんなものじゃない。発語するにふさわしい、内部からわきあがってくる力がどうしてもほしい。いわねばならぬ、いや、書かねばならぬ何かがほしい。もっと突き詰めるなら、書かねばならぬことを表にあらわさずに書いてほしい。別の、新しい言葉の力をともなって、書きたかったことを増幅させて表現してほしい。それが詩かもしれない。

フィリップからだいぶ話がそれてしまった。以前の詩人や作家は、かなりフィリップに傾倒していたようだ。先の詩人、菅原克己もそうだし、同じく詩人の大木実などもかなりフィリップに親近感をもっていたみたいだ。彼らももちろん作品は読んでいた。『若き日の手紙』や『母への手紙』『母と子』『小さき町にて』『朝のコント』など。ぼくも古本屋を漁り、購入し、これらの本を読んだ。

どの作品をとっても、低い視点から生活を眺め、純粋に物事を考え、貧困を語りながら、妙に明るく、死を見つめる目さえ、穏やかでやさしいのに気づいた。今の、この世知辛い時代の中にあって、力強い生への肯定は失ってはいけないものだと思えた。逆に今、もう取り返し得ないものがフィリップの小説の中にはある。だからこそ、この『ビュビュ・ド・モンパルナス』が愛しいのかもしれない。

ぼくはそんなフィリップという作家について、ちょっと甘ったるい気恥かしさを感じ、今まで何もいわないできた。だが実際それは間違いだった。実際、菅原克己や大木実はフィリップの詩を書いているし、尊敬する詩人、辻征夫さんも『ロビンソン、この詩はなに?』というエッセイの中で『ビュビュ・ド・モンパルナス』を取り上げている。もしかして恥ずかしいのは、フィリップについて、声を大にして今までなにも語ってこなかった、ぼく自身ではないかと思いはじめたからでもある。

虚構の中の真実

嘘がすべて許される物語

江戸川乱歩「押絵と旅する男」

あまり聞かれなくなったが、小説の世界には純文学と大衆文学という大きな区分けがあった。何が純なのか、よく考えるととても変なのだが、この文学は高尚なものらしい。逆に大衆文学とやらは、庶民一般が余暇に読み飛ばす、通俗的なもののようだ。ぼくにいわせれば、小説なんて、おもしろければそれでいい。ただ、おもしろさとは、可笑しい、とか、はらはらどきどきする、とか、快楽的なおもしろさのみでなく、なにかしら考えさせられる要素があったほうがいい。と、まあ、これは私見であり、すべての人にあてはまるものでもないのだが。まずは、純文学であろうが、大衆文学であろうが、おもしろければ（このおもしろさの意味は自分で定義せよ！）、どちらでもいいということなのだ。

ぼくがいいと思っている江戸川乱歩の「押絵と旅する男」は、先の区分けなぞぶっ飛ばしてしまうくらいすごい作品だ。乱歩は区分けすれば、完璧に大衆文学に入れられてしまう作家だと思うのだが、この一編で堂々と純になってしまった、といっているのはぼくだけかな?

ある男が魚津へ蜃気楼を見にでかけた帰り、汽車の中で、押絵を抱えて旅をする一人の老人に会う。男は老人から押絵にまつわる奇妙な話を聞く。老人の兄が、押絵の中の女性に惚れこみ、生きたままその押絵の中に入っているのだというのだ。老人は押絵とともに、いや、つまり兄とともに、旅をしている……。

最初にこの作品を読んだのは、ぼくが中学生の時だ。遠目がね(望遠鏡)を逆さに見ただけで、体が縮まり、押絵の中に入ってしまうなどということはあるわけがない、と思いつつ、絶対に望遠鏡を逆さに見ないようにしよう、と思ったものだった。

つまりそれだけ、真実味があったということだろう。小説の中の出来事であるにもかかわらず、本当になってしまうかもしれないという恐怖。生々しい感触。押絵というもの自体にも、奇妙なリアル感覚がある。実際の押絵を見ながら、この小説を読んだりしてはいけない。あくまでも、頭の中で老人が抱いている押絵をイメージしないといけない。するとこのウルトラ級の最大嘘物語が、嘘でなくなってくるから不思議だ。乱歩もこの小説の冒頭で、語り手の男には夢だったのかもしれないといわせていて、実は弱気に書いている。しかし、筆がすすむにつれて、まるでノンフィクションを書いているように伸びやかになっている。ことに、兄の行動を追って浅草あたりをうろつく場面は、まるで本当にお話を聞いているような感覚だ。

だが、この作品のすごいところはそれだけではない。あるひとつの決定的モチーフが、小説全体を支配しているところがいい。それは魚津の蜃気楼だ。冒頭、押絵を抱く男と遭遇する前までは、すべてこの蜃気楼の描写に費やされていて、強烈だ。普通の作家なら、汽車の中で押絵を抱く男の描写からはじめるか、もしくはその状況を語るだろう。もしかして、乱歩はこの蜃気楼を書きたかったのではないか、と思わせるほどである。

蛤の息の中に美しい竜宮城の浮かんでいる、あの古風な絵を想像していた私は、本ものの蜃気楼を見て、膏汁のにじむような、恐怖に近い驚きにうたれた。

蜃気楼とは、乳色のフィルムの表面に墨汁をたらして、それが自然にジワジワとにじんで行くのを、途方もなく巨大な映画にして、大空にうつし出したようなものであった。

二カ所ばかり抜きだしてみたが、これだけではうまく伝わらないなあ。一度、ゆっくり読んでみればよくわかると思うのだけれど。

言葉で物事を伝えるということは本当にむずかしい。だが、言葉でしか伝える手立てがない。いや、ないわけではないが、言葉というものは、そもそも意思を伝達するための道具なのだ。ただし、言葉がすべて信用できるかというとそうでもない。ある面、信用のおけない代物でもある。文学には、言葉を作っていくという要素がある。特に詩は、言葉の成り立つ原点として、たえず暮らしと密着し、生活の底から生まれてこなければならない。新しい言葉を作るという、宿命も負っているのだ。乱歩のような、幻想的な作品であっても、同じことがいえるはずで、根本的な言葉の在りかは、じつは生活の中にあったりする。

乱歩以外では、横溝正史、小栗虫太郎、夢野久作など、日本のおどろおどろ系列を、読んできたけれど、今はもう読まなくなった。京極夏彦なども、おもしろそうだなとは思うが、あの分厚さを思うと、手がでない。案外、すっと読み切れてしまうかもしれないとは思うのだが。

江戸川乱歩の作品はみな、偏愛から生まれているような気がする。この「押絵と旅する男」も、蜃気楼、押絵、浅草、遠眼がねなどなど、乱歩の趣味が満載だ。ぼくはこの小説の、蜃気楼のイメージが頭にこびりついて離れない。ずっと海に浮かぶ淡い影が小説の全編を取り巻いていて、嘘がすべて許されて真実になってしまうように思える。いや、きっと真実だったのかもしれない、と読後に感じるまでになるのだ。イメージの広がりは、乱歩の独特な語り口の文体と絡まりあってずっと続いていく。

日本の文学の中にあって、「押絵と旅する男」は独特な位置を占める作品だと思っている。

江戸川乱歩（えどがわ・らんぽ）一八九四—一九六五。小説家。三重県生まれ。ペンネームは、アメリカの作家、エドガー・アラン・ポーに因む。日本の推理小説の基礎を築く。「D坂の殺人事件」など諸作品の主人公の探偵明智小五郎が人気を呼び、芝居や映画化された。作品に「人間椅子」「パノラマ島奇談」など。

幻想的なものまでリアル

内田百閒「盡頭子」

内田百閒を知っている？　名前は知っているけど、読んだことはない、という人も多いかもしれない。昔の作家だけど、いま読んでも絶対におもしろいよ！

よく知られているのは、ユーモアがあって、飄々としている紀行文の『阿房列車』だろう。これは絶品だ。ぼくが『阿房列車』を読んだのは意外に遅かった。詩人の井川博年さんに勧められてからなので、四十歳は過ぎていたと思う。というのも、ぼくの中で内田百閒といえば、『冥途』しかなかったからだ。ほかの作品もぽつぽつと読んでいたが、文章の神髄はこの第一小説集の中にあると信じている。だが、すごく多彩な作家だったから、どれをとっても味がある。事実、この文章を書くのに、何をとりあげようか、非常に迷った。『冥途』からなら、「山東京傳」や「件」、「道連」「豹」などもおもしろい。その他からは、「山高帽子」や「サラサーテの盤」、もちろん『阿房列車』などもいいのだ！　変わったところでは、「蜻蛉玉」という小説はなんとも愉快でたまりません。という具合に内田百閒はやっぱりすごい。ぼくもすべてを読んだわけではないので、この先、まだ読めるという楽しみもある。

それで、今回紹介するのは、『冥途』から「盡頭子」という小説だ。「じんとうし」と読む。小説の内容を簡単に書いておこう。

女を紹介された「私」は、のこのこと女についていくと、ある家にたどり着く。女は誰かの妾なのはわかっている。飯をボソボソ喰っていると、先生とその弟というのが現れる。私は、その弟から「盡頭子」という名前をもらい、弟子にさせられてしまう。何の弟子かもわからず、艾《もぐさ》を揉む仕事をいいつけられる。逃げだそうとするが、どうしてもかなわない。先生は馬の灸を据える先生だった。そして、提灯を持たされ、トタン屋根の雨天体操場のようなところに連れていかれる。何百という馬の群れがいる。その馬の目が光る。暗闇の中の提灯の明かりの下、先生の弟の顔を見ると、それは馬の顔であった。

このようにかいつまんで書けば、幻想小説と思うだろうし、夢の中の話であると思うだろう。事実、内田百閒は夏目漱石の弟子でもあるし、この『冥途』という小説集は、漱石の『夢十夜』を意識して書かれたともいわれている作品でもある。誰が読んでも夢の世界を書いたもの、というだろう。ぼくも最初はそう思った。だが、いまは違う。

ぼくのこの小説に対する見方はこうだ。この小説集は現実を書いている。すべて本当のことなのだ。内田百閒は事実の目を用いて書いたのだ、というのがぼくの気持ちだ。

冒頭で、女に誘われて人の往来のない道を歩いていくと長屋に着く、という文章がある。すべて曖昧でボンヤリしている風景のようだ。確かにそれは夢の中での一場面なのかもしれないが、着いた家は「二階建の四軒長屋の左から二軒目の家である。」と、明確だ。内田百閒はきっとこの長屋を現実に知っている。女の白い手の甲の描写も妙に現実的だ。これは実際に、女が手の甲で鼻先をこする場面を見て知っているのだ。もしくは、猫が顔をなでるしぐさをこの場面に応用したのかもしれない。これはぼくの推測だけどね。ともかく、必ず、何かを観察した結果の文章なのだ。つまり、夢の中の状況を写し取るように文章化したものではなく、すべて現実の場面からの文体になっているということ。もちろん、意図的に夢の中の世界を書きたいと思って、このような小説を書いたに違いない。それは否定しない。だが、実際、文章にする時は、シュールレアリスムの手法とする自動記述の方法は取られていない。逆に内田百閒は自分の目でつかんだものだけしか書いていないのだ。

もうひとつ、女にのこのこついて行って、悲惨なことに巻き込まれるというのは、男の甲斐性ともいうべき、性《さが》ではないだろうか。こんなにリアルな話はないのである。もちろん、内田百閒は『冥途』という小説集を幻想や夢として読者には提供したかったのだろうから、もしくは、自分の恐怖、胸苦しさのようなものをここであらわしたかったのだから、むしろその選択として私小説の形を取らなかったにすぎないのではないだろうか。

そのほかの小説においても、ストーリーは突飛だが文章は実に生々しい。現実を書ききっているからだ。

言葉を書く、文章を作る、詩の一行を書く、とはどういうことか？　ぼくは考える。決して空想は書けないのだと。どこかで、自分で見て感じて、触って、自分の体の中に入って、血となり肉となった言葉こそを書くべきだと。シュールレアリスムはそのリアリズムの概念を覆し、意識を取りはらって書こうとしたもの。たぶんぼくはそうやって言葉を書き記すことはできないかもしれない。いや、ぼくは現実に触れた言葉が好きだ。というか、それしか書けない。その現実に触れた言葉を使って、夢の世界を書くことはできるかもしれないなと思う。

実は、内田百閒がどのように思って、この第一小説集の『冥途』を書いたのかは興味ない。そんなことより、読んでいておもしろいから好きなのだ。そのおもしろい、という感覚は幻想的、夢の世界のようだから、といえるのだが、もう一歩突っ込んで考えると、そこには内田百閒という作家が、現実をよく見つめた、生きた言葉を使って書いたものだからといえる。だから、内田百閒は何を読んでもおもしろい！

内田百閒（うちだ・ひゃっけん）一八八九―一九七一。小説家。岡山県生まれ。百鬼園とも号する。漱石門下。現実を見すえた目で幻想味にあふれた心象世界を描く。『冥途』『旅順入城式』ほか、随筆もよくし『百鬼園随筆』がある。また紀行文『阿房列車』なども人気を博した。

まず、日常の上に立って

半村良「簞笥」

実験的な作品、表現の冒険、といわれる作品がある。それらは、突飛な記述があったり、考えもしない工夫が凝らされていたりする。詩においても、実験的な作品となると、なにやらわけのわからない言葉が並んでいたり、やたらに読みにくくなっていたりする。もちろん、意味なんか通じない。これが言葉かと思えるものもある。書いている人が、それで、自分は最先端を行っている！　と感じているなら別にいいのだが、本当の本物とはいったいどこにあるのだろうか？

半村良の「簞笥」という短編小説には本当にびっくりした。これが実験的な小説、思いっきり冒険をしていると、思ったからだ。それに、怖かった。ホラー小説ではないと思うし、ましてや怪談でもない。土着的な悪夢、とでもいおうか、苦しくて気色が悪いのだ。

こんな気持ちの悪い小説は読んだことがない。それゆえ、印象はものすごく強かった。ぼくは実家にあった、母の嫁入りの時の桐の簞笥を思い浮かべた。簞笥に思い入れがあったわけではないのだが、不思議なことに半村良の「簞笥」を読んでからは、母の簞笥が頭から離れなかった。そこからぼくは一編の詩ができてしまったほどだ。読者の意識の中にまで入り込み、新たな想像をかきたて、創作にいたるまでに影響を及ぼすという小説は、やはり画期的な小説ではなかったか、と思うのだ。「簞笥」という小説はぼくにとってそういう小説だった。

市助には子どもが八人いた。ある時三つになる男の子が、夜、寝間を抜けだして簞笥の上にあがっている。膝に手を置いて座って、夜が明けるまでそうしているのだ。いずれは治るだろうと、市助もあきらめていたが、治るどころか、ある夜、五人もの子どもが簞笥の上にあがっていたのだ。そのうち、市助を除く家族全員になってしまう。昼間はみんな、今までどおりなのだが、夜になると口もきかず、顔色も変えず、簞笥の上へあがるのだ。そしてある晩、家族全員で古い簞笥を、家の中に運び込んでいるところを市助は目撃する。鐶が揺れカタン、カタンと音がする。いたたまれない市助は家をでて水夫になる。数年後、ふと戻った故郷の岬に立ち寄ると、船に乗った家族があらわれ、その船には簞笥が運ばれていたのだ。

物語のあらすじは簡単なものだが、能登を舞台にそこの方言によって語られる手法は、うまいとしかいいようがない。基盤となるものは民話かもしれないが、半村良は題材、語り、ストーリーの運び、すべてを計算して一編の物語を作りあげている。結末として、なぜ簞笥の上にあがるのか、という答えは書かれていない。そこがまたすばらしい。「簞笥」によって、導かれたものは何か？　それはだれしもが持っている幼少時の記憶、なのではないか。民話調の語り口、方言。簞笥の上にあがる子ども。それらは人間の心の奥底にまで入り込む心象風景のような気がする。簞笥の上に座って明け方までじっとしているという構図が、意識に浮かんだ心の風景であると思えるのは、ぼくだけの感覚であるのか。たとえそうだとしても、不思議な夢魔のような感覚は読者の中に、強く残るのは確かだろう。

逆説的ないい方だが、ある意味、実験的作品とは普通の事象で勝負するものだ。奇をてらった書き方をして何が変わるのか。根本を揺さぶるものこそ実験的作品ではないのか。小説も詩も映画も演劇も音楽も、実験をするのであるならば、まず日常の上に立たなければだめだ。頭だけで考えていてもいけない。特に文学では、言葉に肉体が宿らなければ、生きた作品にはならない。新しいものを見つける作業は、しっかりした生活を見る目にある。

半村良はSF作家だ。SFはその実験的な作品で、常に最先端を行くべき分野である。火星人や透明人間、宇宙の果てまでも想像を広げ、つまりはなんでもありなのかもしれない。冷めた目で見ればバカバカしいといえなくもない。だが、SF小説といえども、実際の生活が基本になっているはずだ。それを見ずして文章は書けない。

ぼくは何も、現実だけを見つめている小説が、絶対であるといっているのではない。文学において基本になるものが生活なのだ、といいたいだけ。SFにおいてもしかりだ。生きているという、その事実を感じられる作品がぼくは好きなのだ。異論は多々でてくるだろうとは思うけれど、人間を書けなかったならやはりつまらないものになる。

「簞笥」は、土着的恐怖を生みだした傑作だ。思いっきり実験的な作品であり、表現の冒険をしている小説なのだ。ぼくは今後もこのような、素敵な短編小説を探していきたいと思っている。

ちなみに、半村良というペンネームは、女性タレントのイーデス・ハンソンからとったというようなことを聞いた。ハンソン（半はん村そん）……イーデス（いいです……つまり良）でも、それは本当だろうか？　どなたか知っていますか？

半村良（はんむら・りょう）　一九三三―二〇〇二。小説家。東京生まれ。工員やバーテンダーなど多種多様な職業についた。六二年、「収穫」が「ＳＦマガジン」コンテストに入選。七三年、「産霊山《むすびやま》秘録」で泉鏡花賞受賞。時代小説に伝奇的・ＳＦ的な手法を取り入れて注目される。主な作品に「黄金伝説」「雨やどり」「岬一郎の抵抗」ほか。

小説の力、文章の力、言葉の力

石川淳「鷹」

石川淳の「鷹」という小説を読んだ時の衝撃は忘れられない。夢幻的、未来的であり、そのくせどこかで本当にあったのではないかと思えるような、不思議な感覚。

どちらかといえば、薄暗くて黴の生えたような、チマチマとした私小説が好きなのだが、石川淳の作品は違う。堂々としていて、風格がある。偏屈さがない。理知的な小説を書き、まったくの隙がないのだ。

ぼくが「鷹」を読んだのは二十三歳頃のこと。神奈川県立図書館に勤務していた時期だ。詩を教えてくれたIさんではなく、別の先輩司書のMさん。彼は吉本隆明を崇拝し、昼食は毎日同じ物を連続して食べ、時々銀座のライオンに案内してくれ、ビールを一緒に飲んだ。そうめんのような細い麺とたまねぎだけが入っていて、お酢とラー油を垂らして食べる平塚のソウルフード、ラオシャンタンメンも好きだといっていた。どことなく一風変わった人だった。そのMさんが、この小説はいいといって、読むように薦めてくれたのが「鷹」だった。これを皮切りに、「焼跡のイエス」「黄金伝説」「鬼火」「雪のイヴ」など、いろいろ読んだ。長編の『狂風記』を最後に、それ以降読まなくなったが、「鷹」の強烈な印象は薄らぐことはなかった。ちなみに「鷹」は新潮文庫の『紫苑物語』の中に入っている。

三十年もたって読み返してみて、やっぱりいい。もちろん夢幻的な小説なのだが、根底にあるのは世界の現実と、実態そのものなのだ。ぼくがいいたいのはつまりリアリズム。簡単なあらすじを書いてみる。

たばこの専売公社をクビになった国助は、職を探していた。Kという男に教えられ、運河のある街にやってくる。灰色の倉庫が続く中、水ぎわの空き地に建つ木造平屋のさびしい家に着くと、Eという男が待っていて、ある品物を届ける仕事をいい渡される。国助はその仕事を請け負い、木造の家にも住むことになる。数日たつと、家には鞭を持った少女がいて、何やらEと口論がはじまり、また明日の文字でできている新聞もあることに気がつく。じつはその家こそは密造たばこを作るアジトであり、国助もその一味として牢獄に入れられてしまうのである。連れ添った一匹の子犬とともに。捕えられていた少女は鷹に変身する。脱出を図った国助はその鷹の影を運河の上に見たのだった。

ストーリー的にもちょっとした冒険、SF小説的だ。荒涼とした運河の街。灰色の倉庫が続く街。これは日本の戦後の荒廃した様子を表現したものなのだろうか。読み手として、そう解釈するのも勝手だが、それはあまりに短絡的すぎる。石川淳、戦後、「焼跡のイエス」、復興、そんなキーワードを思いだしながら「鷹」を読んではいけない。これは今を語った、というより、その当時の石川淳の世界観であると考えたほうがいい。そして主人公の国助は、無味乾燥の世界を生きる、エネルギーの塊みたいなものである。小説を書く石川淳に似てはいないか？　明日語辞書、そして明日の新聞。鞭を持つ少女。至福の香りを放つたばこ、ピース。どれをとっても空想的な感じがするが、明日の出来事を予言的に知ることができる明日新聞などの描写は、そんなことはあるはずはないのだが、こうして文章として書かれると本当に活字が動きだして、新聞を形成していくように思われてくる。それが現実として想像できるというところが小説の力、文章の力、言葉の力、だろうか。

ここでひとつ提案しよう。どんな形であれ、時代の情勢を顕著に文章にするにはどうしたらいいのか？　つまり、虚構であっても、それが真実であると感じ得る文章、言葉、をつくるにはどうしたらいいのか？　これはぼくのリアリズム論でもあるかな。
まずは個人で獲得した感覚がある。そして社会全体が、だれしも思うことがある。また人間として普遍的なこと、歴史的に定説となった事柄がある。これらの事象が絡み合って芸術的なひとつの事物（作品）を生みだすこと、そのひとつにディテールをしっかりとする、細部をきちんと書くことが必要だ。もちろん、その取り上げる細部がじゅうぶんに的を射ていることが大切であるが。その上で、現実の反映となるものを映しだす。これは空想であってもかまわない。この部分が客観的に見て、矛盾がなければ、大丈夫だろう。いや、大きく矛盾があっても、つまりその空想が、著者の主観性と読者の客観性とが合わさることができた時、より強靭な実在感を創りだすのではないかと思う。これがぼくのリアリズムである。

いつか、室内はすこしずつあかるくなって来た。月の光は窓の紙面に集中されて来たようであった。国助は目をあげて、ぼんやり紙面をながめていると、や、そこに小さい黒いものがむらがって、ちらちらうごくのを見た。活字がうごく……まさか。虫か、目のまよいか。いや、うごいているのはたしかに活字であった。ときに、月は晃《こう》晃《こう》と窓にあたって、紙面いっぱいに照りわたると、今はまがう方なく、異様なアルファベットの活字の、ななめに、さかしまに、乱雑に散らばっていたやつが、たちまち一斉に速い運動をおこして、蟻《あり》の分列行進のように、きちんと横に一行となり、一段となり、一欄となって、見る見る、記事の全文を組みあげた。

明日語の新聞が組み上がっていく描写をうつしてみた。文章の息継ぎがよくわかると思う。小説の言葉と詩の言葉は違う。大まかにいえば、小説は物語の構築が必要になってくる。詩は韻律が必要になってくる。同じ文学であるから、もちろん小説でも詩でも共通認識はあるのだが、小説にしかないもの、詩にしかできないものをしっかりと書き手が把握していなくてはならない。最近では、詩集の中に、エッセイだか小説だかわからないような作品が書かれていることがある。でもよく読みこんでいくと、これはエッセイではないし小説ではない、つまりその根底にあるのはポエジー（詩精神）なのだ、だからやっぱりこれは詩なのだ、と結論せざるを得ないものがある。これは行分けの詩にはできない、新たな詩の誕生なのかと思う。

「鷹」のなかにもしっかりとポエジーはあるが、この作品を詩とはいわない。物語の構築があり、文体があり、やはりこれは小説なのだ。
詩に向かっていこうとする、若かりしぼくには、石川淳の「鷹」はあまりにも鮮烈すぎたのかもしれない。勧めてくれたMさんとともに、忘れがたい小説となった。

石川淳（いしかわ・じゅん）一八九九—一九八七。小説家。東京生まれ。十七歳の時に読んだ森鷗外訳の「諸国物語」によって文学への目を開かれた。初めジイドやモリエールの作品を翻訳していたが、三五年、処女作「佳人」を発表。三七年、「普賢」で芥川賞受賞。代表作に「焼跡のイエス」「荒魂」「狂風記」など。評論、随筆でも活躍。

死者たちの会話

藤枝静男「一家団欒」

　平成二十五年の七月にぼくの父親が亡くなった。親というものはやっかいなもので、ぼくの幼い時代の過去を知っているのだ。おまえは小さい頃、こうだった、といっては恥ずかしいことを思いださせてくれる。これはたまったものではなかった。母親もしかりだが、その母親は現在施設にいて、すでに記憶を半分失っているし、そもそも言葉が話せなくなっているので、ぼくが赤面することはなくなった。

　こんな頼りない息子ではあるが、お盆とか、お彼岸であるとか、その節目には必ずお墓参りに行っている。お墓は山を背にした閑静な場所にあり、サワサワと風が吹く。その風に乗って、なんだかぼくの足も墓石の中にスウッと吸いこまれてしまいそうな感じもする。そこには生後一カ月で亡くなったと聞かされた、ぼくの兄がいるし、最近では父親がたばこをプカプカと吹かしながらカメラの掃除かなにかをしているようだ。母親はまだお墓の下にはいないが、そこはまるで一家団欒を絵に描いたような場所になる気がする。

死んだあとの光景をまざまざとよみがえらせてくれた「一家団欒」という小説について書いてみよう。

著者は藤枝静男。静岡県藤枝の生まれ。だからペンネームを藤枝静男としたと、どこかで読んだ記憶がある。お医者さんでもある。専門は眼科医。稼業のあいまに小説を書き、医者と小説家を両立させた。基本的には私小説作家なのではないか。だが、自分の枠におさまらない奇想天外な発想を持ち、意外な方向に読者を引っ張って行ってくれる、革新的な作家だ。代表作に『空気頭』という奇妙な題名の小説もあるが、ぼくはこの「一家団欒」がとくに好きだ。

三月中旬の或る日曜日の午後、章は市営バスにのって町を出た。そして二時間ほどすると終点についたのでバスをおりて、広い田圃の向こうにひろがっている大きな湖をめざして歩いて行った。

この小説のでだしである。何の変哲もない書きだしだ。章という人物がバスに乗り、その後、歩いて行く。小説は引き続き情景描写が続く。事実を美化せずにそのまま書く、典型的な自然主義、写実主義の感覚だ。だが、藤枝静男はそこでは絶対に終わらない。湖のほとりの生ぬるい水の描写から突然、こんな文章にでくわすのだ。

章はそのなかを、遠い対岸めざして一直線に渡って行った。そうして、岸辺に到着すると、松林のなかを再びまっすぐに歩いて行った。腎臓も、眼球も、骨髄も、それから血液も、残して役にたつだけのものは、死んだときみな病院に置いて来たので、彼の身は軽かった。

ここから読者の視点がすっと変化してくる。章という人物は死んでいたのだと。そう、死んで見えなくなった男が向かうのはどこなのか、一気に関心が高まる。章は「墓石に手をかけて、その下にもぐって行った」のだ。すでに死んで影のない男は、自分の家族の中に帰っていくのだ。お墓の下で待っているのは、姉、兄、妹、そして父である。ここからはすでに死者たちの会話となっていく。だがそこには不思議なほどの真実味がある。章がおこなってきた過去の罪、万引きのこととか、ありあまる性欲のことであるとか、兄の好意を踏みにじってしまったことなど。読んでいて感じたのだが、死者がみな、ここでは生きている。どういうことかというと、小説の中では死んでいること自体が真実であり、なおかつ、死者が会話していること自体も事実なのだ。また、その話もすべてが事実だ。いや、死者が会話するということは本当のことではないにしろ、それは差し迫った、緊迫した距離感の中にある文学の中の真実なのだ。

これをシュールレアリスムと呼ぶこともできるかもしれない。それならそれでもいいのだろうが、ぼくがいいたいのは形式のことではない。ぼくらが生きて生活をしていくうえで、日々なにげなく発している言葉。その言葉を発する前の気持ちの起伏。たとえば驚きや悲しみなどもそうであるが、それらをある具体的な物語によって再現してくれた真実が、ここにあるということなのだ。

話は詩のことになるが、菅原克己という詩人の代表作でもある「ブラザー軒」という美しい作品にも、死者がでてくる。この詩も「一家団欒」の章と同じく、フラフラと死者のまま歩きだす。詩の中では死んだオヤジと妹が、ふたりでだまって氷水を食べに、生きたぼくの目の前を通過するのである。一体この現実感は何なのだろうか？　小説も詩も、生きた人間が現れてなにかするよりも、よっぽど真実味が増してくる、というのは。

ぼくたちは死後の世界を知らない。だれも死から生還した世界を語ってくれはしない。まれにそういうたぐいの書物もあるにはあるが、現実に人間は死んだら、生き返らない。この現実を和らげるものは宗教と芸術かもしれない。とくに文学にはそういう力がある、といっても過言ではない。つまりは想像力だ。頭の中のイメージを喚起させ、動かし、自由な発想をめぐらせる。無限の可能性がある。ただし、その基盤は現実にあるということも明記しておきたい。今の事実が確かめられてこそ、自由な発想が生まれてくる。何もないところからは何も生まれてはこない。ただの絵空事をむやみに書きだしても、だれもそれは信じることができない。現実を見つめ、的確な思想のもとにある描写が生きてこそ、次に空想が生まれる。詩、小説、どんなジャンルにしても、現実を見る大切さの意味を理解しなければ、文学は成立しない。

小説「一家団欒」に戻ろう。

影のない章たちは一家団欒のあと、祭に繰りだす。「ヒョンドリ」と呼ばれる「火踊り」の祭に。単調な笛と太鼓、そして松明の火が神社に向かって渡って行き、熱い火の粉に混じって裸の青年たちの揉み合いがはじまる祭。このなんともいえぬエロチックなイメージ。この小説のでだしの部分からは想像もできない、土着に満ちた感覚。そして、今、この小説を読んでいるぼく自身が、火踊りの祭の世界に生きているんだなあと思わせる真実感。「デンデコ、デコデコ」と鳴り響く太鼓の音が、不安な気持ちを増幅させるのだ。

そう、文学って不思議だ。

藤枝静男（ふじえだ・しずお）一九〇七―九三。小説家、医師。静岡県藤枝生まれ。ペンネームは旧制八高（現、名古屋大学）時代の級友平野謙と本多秋五（ともに文芸評論家で「近代文学」同人）が相談してつけた。その関係から同誌十三号（昭和二十二年九月）に処女作「路」を発表。代表作に「空気頭」「欣求浄土」「田紳有楽」など。

最高の児童文学

庄野英二「日光魚止小屋」

日本では、児童文学というと、大人の小説よりも軽く見られているようで気に入らない。児童文学の地位が、少し低いように感じられる。そう感じているのはぼくだけだろうか。だとしたら、ぼくにこそ偏見があるのかな？

庄野英二の「日光魚止小屋」を読んだのはいつのことだったろうか？　この小説を読んだ時の驚きといったらなかった。こんなに楽しくて、ユーモアのセンスがあるものには、お目にかかったことはなかったから。いやはや、ほんの数ページの小説で、子ども向けに書かれたものなのだ。庄野英二の『ユングフラウの月』という短編集の冒頭にある。「あとがき」には、「童話を書くようにとの依頼をうけ」、とあり、同時に「童話のような小説、というか、小説のような童話、を書く傾向があるようです。」と著者本人が語っている。

書いたものがどういうジャンルに分類されようがされまいが、読んで思わずムムッと感じたり、クスッと笑えたりできればいいことなのだ。自分がおもしろいと感じられることがだいじなのだ。ぼくはそれをいつでも大切にしたいし、文学の根本はそこにしかないのだともいえる。「日光魚止小屋」は子どもが読んでも絶対におもしろいと思うし、大人が読んでも思わず、「いい味だしてるねー」といえるはずだ。

一言でいってしまえば、間の抜けたお話かもしれない。キツネ親子の冬ごもりのため、一冬小屋を貸してやった「僕」は、春になって引渡しのために魚止小屋を訪れる。キツネを少々バカにしながら、部屋の掃除の点検をする。そのあとに、ガンモドキをキツネ一家にご馳走したりするのだが、あとから咽喉が渇いて、キツネ親子はもう一晩、水が近くにある魚止小屋に泊まることになるのである。

冒頭にカワセミが、キツネ親子のたよりを持ってくるところからはじまるのだが、なにやら動物が動物でなく、すべてが同じ視点で語られているため、まるで違和感がない。まずそこがいいのだ。人間としてのある一定の基準があると、キツネがモノをしゃべるはずがないという観念だけが先にあり、どうしても動物に言葉をしゃべらせることがむずかしくなる。だがこの小説では、でだしの一行からすでに物事の基準が動物は人間と同等の生活をし、言葉を使うことになっているのだ。だが、おもしろいことに、主人公の「僕」はキツネより、少し頭がいい、と感じているところだ。ここにユーモアが生まれてくる。上からキツネを見下して、うっすらと笑ってキツネを見ているところがいい。だが、キツネはそれを知ってか知らずか、その「僕」に向かっていろいろな自慢をするのだ。アケビのツルで作った鳴子であるとか、川の流れを使った洗い場であるとか。「僕」は自分の優位な立場を誇示し続けたくて、キツネ親子をあしらっていく。その最たるものはガンモドキのご馳走だろう。鉄なべで煮るのだが、水をすって膨らませる。キツネにはそれが一番うまい食べ方だと教え、何枚も食べさせる。

「僕」はけっして嫌味な奴ではなく、キツネも意地悪くはない。心理的駆け引きとでもいうのだろうか、キツネの気持ち、「僕」の感情が小気味よく流れていく様がたまらなくいい。

庄野英二は、『星の牧場』という童話で有名かもしれない。でも、『星の牧場』と「日光魚止小屋」とはまるで違うトーンだ。『ユングフラウの月』のなかの他の小説ともその雰囲気は違う。ぼくが読んできた、いろいろな小説とも童話とも一線を画しているような気がしてならないのだ。なぜだろう？　この作品が突然変異なのかどうかはぼくもわからない。日光の、滝の流れる近くの山小屋で、キツネの親子が冬を過ごす。主人公が山小屋へ戻る、それだけの話が、ぼくにとって忘れられない話となって、何度も何度も読み返し、そのつど新鮮さを味わう。だから不思議だ。読み返すたびに新鮮ということは、そこに何かがあるということに違いない。それは何だろう？　わからないから読み返すという部分もあるが、ただ、言葉の妙味みたいなものが好きなのかもしれない。言葉の持っている味のようなもの。ここにも詩が隠されているのではないかと思う。ぼくは「日光魚止小屋」に隠されている詩的なものに触れたがっているのかもしれない。詩的なもの、というのはうまく言葉ではあらわせないが、話の筋を味わっているのではないことは確かだから。むしろ、昔読んだ、忘れがたい詩をもう一度読む感覚に酷似している。詩は一度読んだら、もうおしまい、というものではない。その逆で、一度目よりも二度目、二度目よりも三度目、というふうに、何度も読み返すたびに、深まっていく、新たな気持ちを呼び覚ましてくれるものが本物なのだ。「日光魚止小屋」が詩であるとはいわないが、ここには詩の源泉があるとはいえないだろうか。宮沢賢治ばかりがもてはやされる昨今（もちろん宮沢賢治もすばらしいが）、ほかにもすばらしい作家、作品があることを忘れてはいけない。特にユーモアを交えた作品を書くのはむずかしい。ましてや子どもから大人までだれもが楽しめ、なおかつ奥が深い作品というのは。
庄野英二、ぼくは、今やあまり読まれなくなったこの偉大なる作家を、「日光魚止小屋」で認めたい。

庄野英二（しょうの・えいじ）一九一五—九三。児童文学作家。山口県生まれ。坪田譲治に師事。長編童話「星の牧場」で野間児童文芸賞などを受賞。情感豊かな人間愛の作品を描いて人気を得る。代表作に「雲の中のにじ」（ＮＨＫ児童文学賞）、「アルファベット群島」（赤い鳥文学賞）など。

アメリカにもある私小説

リアリティーはここにある

バーナード・マラマッド「借金」

アメリカという国を賛美しようなどとは、ほんの少しも思わない。だが、アメリカ文学はなぜかおもしろい。というか、世界各国におもしろい文学はあるのだが、アメリカの小説はぼくの性質にあうのかもしれない。詩もけっこう好きだ。

バーナード・マラマッドも、読むたびに日本の私小説に似ている感じがする。アメリカにはいろんな人種が住んでいるが、このマラマッドなる小説家は、ロシア系ユダヤ人を父母として生まれた。長編小説も書いていて、そちらも有名だ。『ザ・ナチュラル』という長編は、たしか、ロバート・レッドフォードが主演で映画化された。野球少年が大リーガーになることを夢見て、そして幻滅していく、というような内容だった。『アシスタント』という長編は、盗みに入った店を、なぜかその本人がアシスタントとなって切り盛りして行くようなお話だった。記憶があいまいだが、おもしろく読んだという実感だけが強く残っていて、マラマッドという作家はなんとなく私小説作家だなあ、とぼくの中でインプットされていたのだ。

マラマッドの短編集はいくつかの翻訳本がでているようだ。ぼくが知っているかぎりでも、『魔法のたる』（繁尾久訳、角川文庫）、『マラマッド短篇集』（加島祥造訳、新潮文庫）がある。新潮文庫版は、原題の『魔法の樽』をそっくり題名だけ変えたみたいだ。角川や新潮などから文庫で出版されていたのだから、昔はよく読まれたのだろうと想像できる。いや、それが、最近、岩波文庫からも『魔法の樽』（阿部公彦訳）がでたのだからたまらない。また、ファンが増えるのだろうか。こうやって本が出版されていく作家というのは、どこかに何かしらのよさをもっているからなのだ。

『マラマッド短編集』の中でも、「借金」という小説はとくにすばらしい。

リーブは女房と二人でパン屋を営んでいる。なんとか、経営も持ちこたえているという状況だ。そんな時、古い昔の友人、カバッキイという男がやってくる。この男には、以前、金を貸してあって未だに返してくれてはいない。それが原因で疎遠になってしまった。カバッキイは、リーブにまたも金を借りにきたのだ。亡き妻の墓を建てたいあまり、昔の友人に無心にきたのだ。カバッキイにも辛い過去があった。それは貧困の苦しさとの戦いだった。二人は辛い人生を共有していたのだ。リーブは女房に相談し、金を貸してやりたい気持ちになる。だが、女房は、もちろん男二人の話に心は揺らぐが金は貸さない。辛い話が長くなり、商売用のパンも最後は黒こげになってしまう。

このような内容なので、ちょっと下町人情話になっている。ましてや、パン屋が繁盛した理由は、リーブが貧困の苦しみの中で流した涙が、粉と一緒に練り込まれているから、うまいパンが焼けているのだという。なんだか、ここまでくると、苦労すればなんでもお話になってしまうのかと、いぶかしげになってもくる。しかし、これはきっと現実だったのではないだろうか。当時のアメリカは、ましてや、ユダヤ系のアメリカ人などは、かなり厳しい生活を余儀なくされていたはずだ。マラマッドが書いたことは、あながち誇張ではないのかもしれない。これを真実として、読んでみたらどうだろう?

著者に騙されてみるというのがぼくは好きだ。つまりその小説にどっぷりと漬かってしまうのである。著者を全面的に信用してしまうといってもいい。そうすることによって、親近感も増すし、本当のおもしろみもでてくる。あるいは、主人公に思いっきり肩入れをする。さあ、ガンバレ! と応援しながら読む。気持ちの入れ方を変えるだけで、自分は違う人間になれるのだ。時には大胆な男になり、すばらしい女性にまで変身できる。読書の魅力は、自分が物語の世界に入ってしまうことだからだ。

とくにぼくは、だらしない男が好きだ。こいつどうしようもないな、という人物が主人公だと嬉しくなる。ぼくはこういうダメ人間だったんだ、というような気持ちで読む。うまく出世したりしてしまうと、ちょっと悲しくなるけど。ダメな男はダメなまま終わってほしい。まあ、そこは小説家の話の持っていきかたなのだが。このマラマッドという作家は、日本人の気心を知っているのか知らないのか、日本の私小説、と思えるようなものを書いているから不思議だ。

ぼくが今回、この「借金」という小説を選んだのは、そのリアリティーが基調になっている。

リーブが患っている目を治せない。カバッキイが女房の病気を治せない。あげくの果てに女房は死んでしまう。墓石も建てられない。パン屋の女房は働きづめ。箱のなかには請求書がたんまりある。これらはすべて、現実なのだ。大国アメリカの本当の姿なのだと。この小説に書かれてあることがすべて事実だという保証はどこにもないけれど、それが本当だと信じ切ってぼくは読む。

小説でも詩でも空想を書くのは自由だ。嘘のことを書いたってかまわない。フィクションなのだから。でも、文学はそれだけでは絶対だめだ。いい作品は生まれない。どこかに、自分の経験が必要だ。体の中を通った言葉がないと文章になっていかない。だが、詩の一行を書くのに、現実を見る目、体の中を通った言葉が必要だということは、実感としてわかっている。こんないい方しかできないのが残念だけど。

ぼくはマラマッドの小説を読んで、とくにこの「借金」を読んで感じたのは、現実を見る目なのだ。

これでもかという、貧困、悲痛な境遇、そういうものを「借金」の中で書きながら、いちばん最後に、リーブの女房はカバッキイにお金を貸さない。ここがすべてのリアリティーの根本であるといいたい。お金を貸してしまったら、ぼくはこの小説に思いっきり失望したはずだ。そして、売り物のパンを焦がしてしまう。パン屋にとって、炭になったパンは損害にしかならない。この焦げたパンは、いろいろな解釈ができる。例えば、過去を全部焼却した象徴であるとか、最後は炭になってしまうものだとか。でもぼくはメタファーとしては読まない。これはパンを黒く焦がしてしまい、損害、つまりこの分の売り上げがなくなってしまった！　というリアリティーを語っているだけだと読みたいのだ。

バーナード・マラマッド　一九一四—八六。アメリカ合衆国の小説家。ニューヨーク市ブルックリン生まれのユダヤ人。処女作「ザ・ナチュラル」は野球を題材にした小説で、八四年に映画化された。全米図書館賞を受賞した「魔法の樽」で作家としての地歩を築く。主な作品に「フィクサー」「レンブラントの帽子」など。

思い描く未来を

ウイリアム・サローヤン「兄の頭の中にある考え」

長編小説を読む元気がなくなって久しい。読書時間が少ないのももちろんだが、どうやら、ぼくには短編小説がとっても似合っているような気がする。つまり好きなのだ。詩の雰囲気が醸しだされているものならもっといい。

新潮文庫の『サローヤン短篇集』を読んだ。今どきサローヤンでもないのだが、読むのに、遅いも早いもない。その時々にぶつかる本の順番なんて誰しも同じとはかぎらないから。読みたい時に読む。それが一番の読書。というわけでサローヤン。これは後期の短編集『全空旅界』の全訳である。訳者は古沢安二郎。昭和三十三年初版発行で、ぼくのもっているのは昭和五十七年二十一刷のもの。古本屋で見つけた。

自分を〝あるがままの作家〟と信じているこの作家は、素朴で屈託がない。むずかしいことを捏ねくりまわさないで、ポーンと思いをぶつけてくる感じだ。どの作品もよかったのだが、ぼくは中でも「兄の頭の中にある考え」という小説がじつに身に染みてしまった。男の子二人兄弟の、弟からの目線で書かれたこの小説は、不思議な郷愁に襲われた。ある日、兄は車の修理をはじめる。「旅」にでるつもりなのだ。弟をつれ、溜め込んだお金をもって。毎日修理は続く。弟はそれをながめているだけ。専門職人をたのむと高くつくので、見習いのつもりも兼ねて自分で修理するのだが、車のエンジンはかからない。こまりはてて最後には職人を頼み、直してもらう。溜め込んだお金を修理代金として支払うのだが、職人は受け取らない。おかげで二人は、遠くサンフランシスコに旅立つことができる。

まあ、どうということもない話であるが、十六歳の兄（十六歳で免許が取れるのだね。）が、自分の知らない場所へ飛び立っていきたいという欲求が強くでている。具体的に旅の状況を話すところは、兄が地図をひろげ、コースをたどる場面しかでてこない。ほんの数行だ。しかし、兄がボルトをはずし、モーターを下ろし真剣に修理をするさまは、この小説全編を通じての行動である。弟はそばでそれを眺めている。通りの向かいでは孔雀が鳴き、赤い夾竹桃と白い薔薇が咲き誇っていて、弟はそれに感歎するのだが、兄は気づきもしないで修理に熱中しているのである。兄の頭の中は、自分の未来でいっぱいなのだ。弟もそんな兄を見、一緒に行動できるだろうことを夢みて、希望に満ち溢れている。

だからこそ、自分の手で修理をしたにもかかわらず、うまく動かない時の落胆といったらなかったのだ。

だが、作者はここでも大きな声はださない。兄の落胆を声にしない。抑制されているのだ。兄は、その辺で一番の機械工の名前を口にするだけだ。「さあ、クラックに会いに行こう」と。

小説というものは、起こった出来事がそのまま書かれていることはないといっていい。作るものなのだから。小説は、創作なのだから。だが、あるがままに書かれているように思えてしまう。ぼくは事実だと思いながら読む。そこから想像をする。弟が見る兄の頭の中を。兄が思い描く未来を。油にまみれた手で、車のモーターを修理する兄のその気持ちを。

よく、思い返してみよう、自分にも似たような経験が無かったか。手を汚し、自転車を修理し、荷物を載せ、さあ、これから「旅」にでるんだ！　と意気揚々だった時のことを。そんな若かりし日のことを、ぼくはこのサローヤンの小説の中にふっと思い返して読んだのだった。そう、あの頃は休みの日に、昼寝などしないでも生きていられたのだ。

ウイリアム・サローヤン　一九〇八―八一。アメリカ合衆国の小説家。サロイヤンとも。カリフォルニア州フレズノ生まれ。移民の子として生まれたが、ヒューマンで牧歌的な性向のアメリカ人を明るくユーモアをもって描く。「ブランコに乗った勇敢な若者」でデビュー。主な作品に「わが名はアラム」「人間喜劇」など。

まっすぐに生きる

ウィリアム・メルヴィン・ケリー「ぼくのために泣け」

どこの国でも、幻想的な小説や事実そのままのような小説がある。人がいる限り多様な文学が存在するわけだ。だからこそ、自分に合った作品をいつも探している。ウィリアム・メルヴィン・ケリーというアメリカ黒人作家の「ぼくのために泣け」という小説、これは素朴に淡々と語られていて、地味だが力強さを感じるような、ぼく好みの作品だ。この小説は『アメリカ短篇24』(集英社刊)というアンソロジーの中で発見! そして『ぼくのために泣け』(浜本武雄訳、集英社文庫、一九七七年刊)を探して他の作品も読了。なかなかいいよ!

底辺に持っているものは人種差別問題。黒人として生まれてアメリカに住んでいればどうしても避けては通れないものだ。この小説にしてもそういう部分はあるが、ぼくは差別問題についてここで書くつもりは毛頭ない。

「これはウォーレス伯父の話だ。」という書きだしではじまる。少年の「ぼく」が、歌手である伯父について語った話。ウォーレス伯父はアメリカ南部の田舎で農業をしていたが、ある日、「ぼく」のいる北部（ニューヨーク）にやってくることになる。そこで「ぼく」は伯父を連れて街を案内するのだが、ある喫茶店から聞こえてくる歌に驚く。それはウォーレス伯父の作った歌が、他の人によって歌われていたのだ。伯父は喫茶店に入り、それは自分の歌だということを証明するために、自ら歌を披露することとなる。ギターをいっぺんに二挺抱えて。真実を伝える、驚愕的な音楽に人々は興奮し、圧倒され、ウォーレス伯父は苗字のベッドロウという名でレコードデビューをはたす。最後はカーネギーホールにまで出演することになるのだが、しかし、コンサートでフォーク歌手ベッドロウは息絶えてしまう。歌を通して、したいことを全部しつくして。

最後に死んでしまうのはちょっと感傷的すぎる気もするが、読み物として、まずおもしろい。

この小説を読んで、音楽を文字で表す滑稽さを思った。ウォーレス伯父がギターを弾いて、最初に声をだして歌った時の表現がこうだ。引用してみる。

それは何かを聴くという感じがしなかった。まるでブドウ酒を一ガロンも呑んで気持が悪くなり、そのブドウ酒が体のなかでたけり狂い、はらわたをつかんでねじられるようで今にも大声あげてわめきそうになるが、声をあげるとブドウ酒が怒って、こっちのからだをめちゃめちゃにしそうな気がするので、こわくて声もたてられない、そんな感じだった。—中略—気持が悪い。そのくせ、その気持の悪さが終ると、ああいい、もっと気持が悪くていたい、と思うんだ。

（浜本武雄訳）

なんだか高尚な歌ではないが、心を揺すぶられる歌なのではないかというのは想像がつく。翻訳者の言葉の選び方もあるだろうし、作者の意図する表現は原文の感覚だともう少し違ってくるのかもしれない。音を言葉にするのはむずかしく、苦労しているのがわかる。これ、志賀直哉だったらどう書いただろう？　そして、ぼくが書くとしたら、どうなっているだろうと、想像した。適切な比喩は、文章の中でも大切な要素である。この場合、ブドウ酒が適切だったかどうかはわからないが、雰囲気はとってもよく伝わってくる。比喩は、一歩間違うと、すべてが台無しになる。作品全部に影響してくるはずだ。

さて、この主人公、ウォーレス伯父、つまりベッドロウというフォーク歌手（フォーク歌手というより、土着性の強いブルースマンというべき。あきらかに日本のフォーク歌手とは別）は人間味にあふれている。そして、作者のケリーは、歌のすばらしさを文章で表現することが目的ではなく、ベッドロウという一人の歌手を通して、芸術の本質なるものをここで書きたかったにちがいない。

ぼくはかれこれ三十年近く詩を書いてきたのだが、それは書きたかったから書いてきたのであり、人のためではなかった。ましてやお金のためでもない。（詩を書くこととは、つまりお金がでることとばかりで、まったく収入はないのだ。）そして、ずっと長く書いてきて、ようやくわかりかけたことは、詩はやはり経験から書かれなければならないということだった。もちろん、異論も多くあるかもしれない。でも、ぼくは経験したことしか書けない人間だった。それはつくづく実感している。

小説の中で、ウォーレス伯父は純真だ。本当にまっすぐな人間だ。だからこそ、真実の歌が歌え、ライブハウスの周辺までも人でいっぱいにし、カーネギーホールをいっぱいにすることができたのだ。彼の歌は生きることに支えられてこその歌だった。悲しいかな、小説の中で演奏は聞こえないが、ぼくには激しい黒人のブルースが、それも、苦しいマイイナーなベッドロウという歌い手の肉声が聞こえてくる感じがした。最後のほうで、「ぼく」が伯父の歌について次のように語っているのが印象的だった。

伯父にとっては、歌を歌うということは、金のためでもなく、人のためでさえもなく、ただ歌いたいから歌うのだ。そしていちばん大事なことだと、ぼくが思うのは、伯父は、愛したこともないのに愛を歌ったり、つらい仕事をしたこともないくせに、仕事のつらさを歌ったりするような人間ではないということだった。伯父はそういうことをちゃんと自分でやってきたのだ。（浜本武雄訳）

ウィリアム・メルヴィン・ケリーという作家、当たり前のことを、当たり前に、素直にだしてくる作家、他の作品もそうだった。だからこそ、強さを感じたのでした。己の欲をだし過ぎちゃいけないよ、もっと純粋に詩を書かなくちゃね、そこの君！はい、『ぼくのために泣け』、原題は『ぼくのための歌声』という意味の小説でした。

ウィリアム・メルヴィン・ケリー　一九三七―　。アメリカ合衆国の小説家。黒人として
ニューヨークに生まれた。黒人と白人の逆転した差別問題を書いた「変わったドラマー」
で注目される。主な作品に「ちょっとした忍耐」「岸辺の踊り子たち」など。

とうぶんあんたの顔は見たくないよ

チャールズ・ブコウスキー「町でいちばんの美女」

久しぶりに強烈な本を読んだ。

チャールズ・ブコウスキーの『町でいちばんの美女』（青野聰訳、新潮社刊）がそれだ。

三十もの小説がずらりと並んでいる。ほとんどすべて、下品で、汚く、どうしようもないというのが事実。だが、タイトル作品である「町でいちばんの美女」だけは出色の作品であり、逆にいえば、ブコウスキーらしくない作品ということになるだろうか。

では、この一冊につまっている、ブコウスキーらしい作品とはなんだろうか、そちらからちょっと考えてみたい。

作品のほとんどがアンダーグランド新聞や、ミニ雑誌などでの掲載であることが、訳者である青野聰氏の解説には載っている。

そのような雑誌に載せる時には、まず、言葉自体が目につかねばならないはずだ。読まれなければはじまらないから。そして内容。簡単なストーリーにして、おもしろく、楽しさに徹すること、読者がすぐに興味を持つものを書くこと、などが肝心だろうか。タイトルにもそれはあらわれている。何編かそのタイトルをあげてみよう。「なかなか交尾できない12匹の空飛ぶ猿たち」「女3人」「聞いて損はしない競馬の話」「おえらい作家たち」「政治ほどくだらないことはない」「女がほしい」などなど。新聞の三面記事のようなものが、次々とおもしろい読み物として、あらわれてくるような感じなのである。

解説の中には、ブコウスキーの文章をおだやかな日本語に訳したかった、という主旨のことが書かれている。その理由として、「ブコウスキーの文体の芯《しん》のようなものが、おだやかでクールで、調子がたんたんとしているからである。そしてもうひとつ、日本語にはアメリカの路上言語、とくにロスアンジェルスの路上でいきかうswearwordに対応する言葉がないということなのである。」（青野聰）とあった。

ぼくは翻訳者ではないので、ブコウスキーの文体をどう翻訳するのかあまり興味はないのであるが、ブコウスキーの文体には興味がある。

口汚くののしる言葉を、どのように文章の中に同化させることができるのか。それは日本語の文の中ではどうしたらできるのか、詩でもうまく書きあらわせることができるのか、などである。「swearword（ののしりの言葉）に対応する言葉がないということ」はつまりその部分は青野聰氏の言葉によって書かれていることになり、ぼくらは翻訳者の意思の混ざったものを読んでいることになるのである（解説にもそのような意味合いのことが書いてある）。ただ、これはいたしかたのないことであって、逆に翻訳者の力量によってその作品が何倍にも優れたものになることも有り得るわけなのだ。もちろんその逆もしかりだ。

ブコウスキーのこの小説に限っていえば、かなり読みやすくなっている。むずかしいことは何もない。生のエネルギーというものが全編にあふれでていて、破天荒な力強さそのものを感じることができる。どうしようもなく下品なのだが、読んでいておもしろく、逆にすがすがしくもなる。ブコウスキーなりの、小説に対する自負が隠されているからだ。

多くの人種が入り混じり、イギリス文化とのしがらみの中で、独自の文学を追い求めてきたアメリカでは、言葉に対する意識も数段強くなっていたはずだ。ぼくがブコウスキーの小説の中に見たもののひとつは、文のあいまになにげなく挿入されている、まともな考えにある。卑猥な言葉に隠れて意外にまともなことをいっている。逆説のようだが、汚い言葉の数だけ、別の言葉が浮き上がってくるような気がしてならない。たぶんブコウスキーは言葉のだし方を自分で意識しているからなのだ。たとえてあげればこんな箇所だ。

結婚は意味がない。つまるところ結婚は**性交**を神聖化することで、神聖化された**性交**は、やがてはかならず**退屈**になって、そのうち**仕事**になっていく。そのように世の中はできている。

（青野聰訳、「女3人」より）

さて、最初に出色であるといった「町でいちばんの美女」というタイトル作品だが、この作品とほかのものとの決定的な違いは、その書き方にある。

ブコウスキーは、一人称中心の書き方でほとんど押し通している。例外にもれず、「町でいちばんの美女」もそうなのだが、思考の中心は、美女といわれるキャスにおかれている。意識しているかはわからないが、語り口は同じ私でも、思考の中心を主人公の私にもっていくか、別なものにするかではおおきな違いがでる。他の作品ではブコウスキー自身さえ登場するものがかなり多い中、「私は」と言いながら、女の意思を多く、そして強く語っているのはこの作品だけだ。ほんの少し引用してみる。

私たちは抱きあった。キャスは声を殺して泣いていた。涙がこぼれ落ちているのがわかった。私の背中に垂れた長い黒髪は、死者の旗のようだった。私たちは、悲哀に満ちた性愛を静かに楽しんだ。

（青野聰訳）

自分という存在を一歩離したところで語る思想は、それだけ、客観性を身につけ、人間本来の美しさとは何かを訴えている。その意味でこの小説は底の深いものである。

最初に、ブコウスキーらしくない作品、と書いたが、性や競馬や労働を書くという行為は、どんなに下劣に書こうとも、その本質は人間にあるのだ。もしかしてこのハチャメチャなカルト作家は、心底、やさしいまじめな男なのではないだろうか。

解説の最後には「……じゃあな、チャールズ、とうぶんあんたの顔はみたくないよ。」と翻訳者の本音が言い捨ててあった。

その強烈な個性の作品群に身を浸すと、やはり、一冊読み終わったあとの読者は、この翻訳者と同じ気分になるのである。

チャールズ・ブコウスキー　一九二〇―九四。アメリカ合衆国の小説家、詩人。ドイツ生まれ（母はドイツ人）。ロサンゼルス・シティ・カレッジ卒業後、アメリカ各地を放浪し、さまざまな職業につく。三十歳を過ぎてからは、郵便局で働きながら創作活動をつづける。短編小説集『町でいちばんの美女』『ありきたりの狂気の物語』はカルト的人気をもつ。ほかに長編小説「勝手に生きろ！」「パルプ」など。

ひねこびたリンゴの味

シャーウッド・アンダスン「卵」

『ワインズバーグ・オハイオ』で有名なシャーウッド・アンダスンは、小説のみならず、自伝的作品、エッセイ、詩までも書き残している。

ただ、残念ながら、今ではアンダスンを読もうと思ってもなかなか読めないのが現状だろう。ぼくは『ワインズバーグ・オハイオ』を読み終わった時、どうしても他の作品を読んでみたい衝動にかられた。それで探し当てたのが、ここにある新潮文庫の『アンダスン短編集』(橋本福夫訳)だ。この中に「卵」という作品がある。読後感は、笑うに笑えない非常に息苦しいものだった。

実業家を夢見る父と母は、なけなしのお金をはたいて養鶏場をはじめる。しかし、あえなく倒産。父親はお金になるからと、畸形で生まれた雛鳥をホルマリン漬けにして持ち歩く。やがてレストラン経営を夫婦ではじめ、繁盛しはじめるが、父親は客に対してサービス精神を発揮し、手品を披露したりする。受けが悪いとわかると、畸形の雛鳥を持ちだしたりする。客は背を向けて笑いながら立ち去っていく。滑稽なまでの父と母の人生。

この物語は、直感で書かれているとしかいいようがない。どういうことかというと、論理的に組み立てられた小説でもなく、客観的な目があるものでもない。アンダスンという作家の中に沁み込んだ、生活なり苦悩なり卑屈な感覚なりが、ある形を伴って飛びだした作品だ。ある形とは、この小説の骨格になるもの。つまり陽気になろうとする父、野心家の母、人生の暗い部分ばかりを見てしまう私、である。その、私が見る家族の失敗。最後には「卵」に翻弄されてしまうだけのものだった、つまり卵の勝利でしかない、はかない人生。そんなものがじわじわと滲みでていて、見方によっては、まさにグロテスクなのだ。『ワインズバーグ・オハイオ』の場合には、グロテスクな人間を違う角度からいろいろ書くという連作短編の形によって、ひとつの主題を意識的に生みだしていた。これはテクニックである。もちろんアンダスンが最初であろう。

「卵」においてアンダスンが意図しようとしたものは、構成とか形とかのアプローチからではなく、自分の人生をそのまま投げだす書き方だ。話の中での、滑稽な、養鶏に失敗してレストランを経営する父を通した自分自身なのだ。ただし事実のままではない。日本でいう私小説によく似ている。ありのままではなく、心理を念頭におき、瞬発的に書きあわしてしまった作品。作者が頭をひねって、読者の読み方を考える、なんてことは考えていなかった作品。できてしまった、小説なのだ。ぼくは、自分が育った家庭と、この小説をダブらせてしまったためか、どうも陽気に笑えなかった。ポーンと「ぼくはここにいるよ」みたいな感じで、アンダスンという作家を突きつけられた感じがした。

アンダスンをいろいろ調べてみると、この作家はずいぶんとおもしろい経歴の持ち主でもある。馬具職人の息子として生まれ、正式な学校教育は受けてはいない。通信販売会社をはじめたかと思うと、妻子を残してひとりでシカゴへ行って文学にのめり込んでしまう。四度も結婚したりしている。今述べた経歴はみんなどうでもよいことばかりなのだが、つまり生きベタな感じがぬぐいきれない。作品を読んでも（といっても『ワインズバーグ・オハイオ』と『アンダスン短編集』の二冊だけだが）とにかく野暮ったいのなんのって！ぜんぜんスマートじゃない。アンダスンのナマの生き方から、生みだされてしまった作品集なのだ。卑屈で取っつきにくい性格で、そのうえ自尊心だけは高かったらしい。よくわかる気がする。

作家としての評価は、全体的に技術は未熟で、新しい趣向をすぐ取り入れるが失敗が多く、会話が書けない作家であるというのが大方の見方だ。むろん悪い評価ばかりではなく、連作短編という形式を作った功績はおおきく、率直な文体も後の作家に多くの影響を与えたようだ。

人間に完璧な人はいない。たとえいたとしても、そんな人間はおもしろくない！　小説もそんな、どこか変な人間が書いたもののほうが、おもしろい。

アンダスンは天才ではなかった。『ワインズバーグ・オハイオ』の連作短編形式は彼の創始だといってもいいと思うが、それでさえ、しっかりとした長編が書けなかった、負の所産だったのかもしれない。ただ、アンダスンは、アメリカンスピリッツを持っていた作家だった。何事にも動じない強い文学への信頼感があったのだ。努力をする作家。いいかえれば、がむしゃらに書くことで自分自身を保っていった作家だったのではないだろうか。後のスタインベックや、ヘミングウェイに尊敬されていたというのもよくわかる。

小説も詩も、天才だけが作品を書くものではない。鈍才が書いたっていいのだ。むしろそのほうが、おもしろい時がある。

『ワインズバーグ・オハイオ』の新潮文庫の解説で、訳者の橋本福夫氏が、アンダスンはひねこびたリンゴの味のよさを知っている作家だった、と書いていたが、本当にそのとおりなのだ。
ぼくはこの短編集の、そのすっぱい人生の味を噛みしめながら、つくづく鈍才でよかったなぁーと思う今日この頃なのである。

シャーウッド・アンダスン　一八七六―一九四一。アメリカ合衆国の小説家。オハイオ州キャムデン生まれ。一九年、短編集『ワインズバーグ・オハイオ』を刊行、脚光を浴びる。名作「卵の勝利」「黒い笑い」などを世に問い、ウィリアム・フォークナー、アーネスト・ヘミングウェイなどに影響を与える。

アメリカとイギリス

ヘレーン・ハンフ「チャリング・クロス街84番地」

毎日の生活の中で、本当に感動できるものは何か、と考えたことがあるだろうか？ぼくは、もう何年も前のことだが、そんなことばかり考えて過ごしていた時期があった。常に刺激を追い求めていたように思う。あれから今まで、詩や小説、音楽や絵画、もちろん、多くの人間も含んで、いろいろな出合いがあった。その中でも「書物」イコール「本」、というものは、いちばん手っ取り早く、端的に感動という目標を達成してくれるものだ。

本を求める手立てには幾通りかがある。一番簡単なのは、本屋さんに行って買ってくればいいのだが、自分で読みたい本が必ずしもその場所にあるとはかぎらない。たいていは置いてない場合のほうが多い。現在はインターネットでポチッとクリックすれば買えてしまうのだが。パソコンがなかった時代は、必死で探した。どのように探すのかは時と場合によって違うのだが、古書店に直接注文するというのは賢いやりかたのひとつだ。ニューヨークに住む一人の婦人が、ロンドンのある古書店に手紙をだす。

今すぐにもほしい書籍のリストを同封いたします。このリストに載っておりますもののうち、どの本でも結構ですから、よごれていない古書の在庫がございましたら、お送りくださいませんでしょうか。

（江藤淳訳）

このなにげない一通の手紙から、人と人との交流がはじまる。それは約二十年の間にもおよぶのだ。ご存知の方もいるだろうが、これは『チャリング・クロス街84番地』（ヘレーン・ハンフ編著、江藤淳訳、中公文庫）という本。往復書簡集だ。短編とはいえないかもしれないし、小説でもないかもしれない。だが、この読み物は、真実である。そして美しい。フィクションの世界にはまり込む、それはそれでおもしろいのだが、現実におこった事柄が、こんなにもすばらしいものだとは、ちょっと想像がつきにくい。この本は、人間と人間の、本当に心が通じ合うとはどういうことか、しっかりとわかるように書かれているのだと思う。

ヘレーン・ハンフという一人住まいのこの女性は、テレビ・ドラマの脚本を書いて生計をたてている。現代の小説はあまり読まず、今（一九五〇—一九七〇）という時代に少々批判的でもある。そして古本好きで、読書家。彼女の書物に対する愛着は、これはまたとても気位がたかく、その要求に古書店マークス社のフランク・ドエル氏は、本当に誠意を持って尽くしていく。

何回かの手紙のやり取りのあと、ヘレーンは好意をもって食料などを送るようになる。マークス社の方からも刺繍入りのテーブルクロスなどをクリスマスプレゼントとして送ることとなっていくのだ。本を注文し、発送するという単なる関係から、このような親密な関係になるのはいったいその裏にどんな気持ちの変化があるのだろうか？『チャリング・クロス街84番地』にはなぜそうなっていくのかという回答は書いてない。手紙の淡々とした文章が綴られているだけだ。ただ、その内容は、注文された本を必ず探すという献身的（最初は仕事としての責務）な行為が、また、婦人のほうでは、その行為を享受するということによって、双方が相手のことを慈しむ気持ちにあふれてくるようになったことは確かかもしれない。書簡を通して、感情の変化が少しずつ読みとれていくというのは、本当にスリリングでおもしろい。

そして、ぼくが何よりもいいたいことは、アメリカ人としてのヘレーン婦人がイギリスにあこがれていたという事実だ。つまりアメリカとイギリスの文化の関係にある。もちろんこの本にはそんなことはまったく書かれていないが。江藤淳氏の解説には、アメリカとイギリスとの文化的な絆の強さが、この書簡集の成立の原因としてあげられてもいる。これはとっても納得できることなのだ。

アメリカという国はその昔、イギリスの植民地だった時代がある。その影響もあってか、どこかに儀式や態度を重んじる考え方が根強く残っているのかもしれない。またそれは、イギリスというより、対ヨーロッパというかたちで、アメリカはどこの国より自由ですばらしい国なんだ、という気運が起こり、対抗意識というものがはたらいているのではないかと思う。もちろん、アメリカンスピリッツと呼ばれる独自の精神も育まれていく。ただ、そういった中、アメリカの意識はイギリスのほうに向いているため、新の芸術はアメリカでは育ちにくいと考えた人たちもいたように感じる。ヘンリー・ジェイムズなどはその典型ではないだろうか。

ぼくにとってこの『チャリング・クロス街84番地』は、アメリカ人はいつもイギリス文化を意識していたのじゃないか、とはっきり思わせてくれる本だった。たとえそれが、へレーン婦人の無意識のうちにある、古書店で働く一人の英国紳士フランクに対する淡い恋愛感情だったにすぎなくてもだ。

たぶん人に感動を与えるものというのは、大きな事柄や事象ではなく、ちっぽけな本当に小さな感情にすぎない。それが、ひいては文化となってあらわれてくるのではないか、と思っている。さあ、みなさんは、この本をどう読みますか？　そして、本当に感動できるもの、見つけていますか？

ヘレーン・ハンフ　一九一六―九七。アメリカ合衆国の小説家。ペンシルベニア州フィラデルフィア生まれ。児童文学書やテレビ・ドラマのライターとして活躍する。七〇年、『チャリング・クロス街84番地』を刊行、大好評を博した。

想像してみて！

レイモンド・カーヴァー「出かけるって女たちに言ってくるよ」

レイモンド・カーヴァーという作家が、世の中にどの程度知られているのかわからないが、ぼくはこの作家が大好きだ。村上春樹氏が翻訳をして、全集まで出版されて、新書版まででているのだから、相当な認知度なのかもしれない。また、カルト的な愛好者もいるのだろうなあ、と思う。ぼくがどうやってカーヴァーを知ったのか全然記憶にないが、昭和六十一年一月発行の『ぼくが電話をかけている場所』というタイトルの文庫本が家にあり、確かその本が最初だったと思う。冒頭に「ダンスしないか？」という小説を読んで気に入り、数年たってからふと思いだし、それをもとにぼくは詩を書いたりもした。全集版は図書館で借りて読み、数年前から新書版の「翻訳ライブラリー」という本がでたので、ずっと買いためておき、今回、一気に読み返したというわけだ。

カーヴァーの作品には、中流のなんの変哲もない家庭がよく登場する。男は仕事に疲れ、妻に逃げられたとか、ただたんに友人の家庭に遊びに行く話や、借金苦で逃げだしてきた家族の話などだ。奇想天外な夢の物語など微塵もない。毎日ビールを飲みながら、女房のグチをいっているような男の話ばかりだ。そんな話のどこがいいのかと聞かれるかもしれないが、どうしようもない男の、心の内側をみるのが楽しい。

「出かけるって女たちに言ってくるよ」という小説は、もしかしたら、カーヴァーの作品の中でもそんなにいいものではないかもしれないが、とても強烈な印象だった。ぼくにはこの作品の闇のようなものがよくわかる。だから怖い。

幼いころから、ずっと友人だった男二人が主人公。早く家庭を持ったジェリーは、子どももでき、まあ、なんとかそれなりにやっている。もう一人の男ビルも続いて結婚し、家族同士の付き合いがはじまる。ある日、いつものように会った二家族だが、ビルはジェリーの様子が塞ぎがちなことが気になる。ジェリーは、「出かけるって女たちに言ってくるよ」といってビルを誘い、気晴らしにでかける。

ありふれたどこにでもある光景。だれでもなんとなく、パーッと気晴らしにでかけたくなることはあるのだ。だが、この小説の怖いところはその結末にある。男二人は自転車に乗っている二人の女性を見つけ、声をかけるのだ。ジェリーの目的はひとつ。ナンパだ。ビルも長年の付き合いでなんとなくジェリーにしたがってしまう。気の弱い、ビルの心も怖い。二人の男は何かに取り付かれたように、女性を追いかけ、そして最後は石で片をつけてしまう。つまり、殺してしまうのである。

ぼくがこうやって筋を書くと、どことなく暴力的な小説のような感じがしてしまうかもしれないが、カーヴァーの筆はまるで違う。流れる水のようにサラッと書き、何が起こったのかわからないほどの展開だ。じっさい、ぼくは最後の数行を何度も読み返した。そしてイメージした。また、最初からひっくり返して読んでみた。なんとなく、やっとわかる。わかる、というのはストーリーがわかる、ということはもちろんだが、ジェリーの心の動き、ビルの内面、それらが絡み合うところがしだいにはっきりしてきたのだ。

ぼくはアメリカの詩も小説も大好きでよく読むが、アメリカという国が好きなのではない。原文で読みたいとも思わない。英語を勉強して、カーヴァーを原書で読んでも、ぼくはもういちど村上春樹氏の訳で読むことになるだろう。大雑把で、いい加減で、はちゃめちゃで、女々しくて、だらしのない人間は嫌いだが、そういう人間を見る（読む）のは大好きだ。アメリカにはそういう小説がいっぱいあって楽しい。日本の私小説となんとなく似通っている。どこの国も根本は同じ人間なのだ。

ビルはただ女とやりたかっただけだった。あるいは裸にするだけでもよかった。でももし駄目でも、それはそれでまあいいさと思っていた。ジェリーが何を求めているのか、ビルにはわからなかった。しかしそれは石で始まって、石で片がついた。ジェリーはどちらの娘に対しても同じ石を使った。最初がシャロンという名の娘で、ビルが頂くことになっていた娘があとだった。

（村上春樹訳）

小説の最後の数行を書き写してみたが、暴力を振るったとも、殺したとも書かれていない。ぼくらは想像するだけだ。想像すればはっきりと見える。言葉にこめられた無数の意思がぼくらの頭を刺激する。カーヴァーはもともと詩人から出発したのだが、どこか説明的な詩風であったりする。それに比べて短編小説のほうが、より想像力をかきたてるような書き方になっている。詩は散文に近づき、散文は詩に近づいているような感じだ。どちらかというと散文のほうがぼくは好きなのだ。この小説でいえば、ジェリーの苛立ち、ビルの情けなさは、人間の根底に潜んでいる恐怖に違いない。ただ、引用した最後の数行を読んでいただいてもわかる通り、それらしきことは一切書かれていない。想像するのみだ。だから、苛立ちや情けなさを感じているのはぼくの強引な解釈にすぎないかもしれない。

古い文庫本の中で、この小説は「ダンスしないか？」についで二番目におかれてあった。ぼくの二回目のカーヴァー体験だったのだ。強烈な印象のわけだ！

レイモンド・カーヴァー　一九三八―八八。アメリカ合衆国の小説家、詩人。オレゴン州クラッツカニー生まれ。七一年、短編「でぶ」で注目され、七六年、短編集『頼むから静かにしてくれ』を刊行。代表作に「愛について語るときに我々の語ること」「大聖堂」ほか。

カーヴァーの小説って何？

レイモンド・カーヴァー「必要になったら電話をかけて」

　レイモンド・カーヴァーの新しく発見された作品を読むことができた。カーヴァーは一九八八年に肺癌により亡くなっているのだが、この本『必要になったら電話をかけて』（中央公論新社刊）では一九九九年に見つかった短編小説五作品が載っているのだ。訳者はもちろん村上春樹氏。カーヴァーのパートナーであった、テス・ギャラガーが序文を書いている。

　いつもこの作家の作品を読むたびに、放心状態になる。ふわっと宙に浮いた気持ちが、なんとも心地よい。作品の解説を読みたいとか、この小説はこうあるべきだというような、そんな理屈がまったくいらない。少し大袈裟にいうならば、心の底から自由になれるような気もするのだ。

別に統計をとっているわけでもないので正確なことはわからないが、主人公が中年の男に設定されていることが多い。主人公でなくとも、なんらかの重要な役割を担っている場合がほとんどだ。『必要になったら電話をかけて』の最初の小説「薪割り」も妻と別れて間もない男の話。

妻がいなくなってしまったあと、身の回りのものだけをもち、バスに乗り海の近くに部屋を借りる。そこではつつましく暮らす夫婦があり、彼はその夫婦の暮らしを見る。突然まいこんだ薪割りの仕事を彼は無報酬でかってでて、やり遂げてしまう。そして、彼は一週間でいたたまれなくなり、その場を去るのだ。こうやってほんの少しストーリーを追っても何の感慨もない。何をいいたいのかもまるでわからない。だけど、一読した後には、不思議なことにそこには、確かに一人の人間の気持ちがしっかりと写しだされてくる。

それからもうひとつ、カーヴァーの作品には家庭がどこかに現れている。家庭というと変ないい方になるかもしれないが、つまりは人と人とがふれあっている場所が必ず登場してくる。現実を感じさせない場所はひとつもないといえるだろう。必ず、どこかにある、またはどこかにあったような場所が小説の中には書かれている。そのシチュエーションが現実味を増す原因になっているのか、場所がひとつのキーポイントといえるだろう。

このようにカーヴァーの小説を読んでいると、どこかしら日本の私小説と似通った雰囲気があるのに気づく。しかし決定的に違うところは、自分をそのままだしてはいないところだ。日本の私小説では、主人公は著者自身であることがほとんどで、内容すべてが自分のことであったり、(のように書いてあったり)する。一方カーヴァーは自分に似た主人公がでてくるにもかかわらず、けっしてそれは彼自身ではない。

話はかわるが、『必要になったら電話をかけて』の後に『月曜日は最悪だとみんなは言うけれど』(村上春樹訳、中央公論新社刊)という本も読んだ。これはアメリカ文学評論で、この中に「誰がレイモンド・カーヴァーの小説を書いたのか?」(D・T・マックス著)という文がある。これは、カーヴァーの初期の小説は、編集者がかなり手を加えていたのではないか、と疑問を投げかけたものだ。それに加えて後々には、奥さんのテス・ギャラガーもカーヴァーの小説執筆に大きく関係していたのではないかということをとりあげている。つまり、カーヴァーは自分の力で書けなかったのだろう、といっているようにも聞こえるのだ。真偽は別にして、ぼくはこれを読み物としておもしろく読んだが、こちらに手渡された作品がどのような経路をたどってきたかは、あまり関係ないことではないか。けっきょくはレイモンド・カーヴァーという著者名が記されているのだし、読者としてはそれだけでいい。

さて、ここまで、カーヴァーについて読んで感じたことをポツポツと書いてきた。きちんとした文脈も要旨もなく、だらだらとしたしまりのない文章になってしまった。読んでそのままにしておくのが惜しい気持ちも手伝ってこのような文を綴っているのだが、これもどれも、ぼくの文章はすべて詩に帰結することを目的としている。

自分の好きなように、勝手気ままに文章を書くのはとても楽しいものだ。つまるところ、こんなふうにして書く文章が、いつのまにか詩を考えることの契機になればよいと、そんな気持ちで書いているのだが。

ところで、カーヴァーと詩との関係をみてみると、これはもう語るべくもなく、カーヴァーはもともと詩人なのである。彼の小説はたぶん、詩にもっとも近い。詩の要素を存分に含んだ小説家、といえるだろう。物の考え方やとらえ方、つかんだものを自分の中に取り込み、どのように作品化するか、その形態や方法がとてもしっくりとくる詩人、小説家、レイモンド・カーヴァーはぼくにとってそんな存在だ。

そう、ぼくは今、ふと思った。レイモンド・カーヴァーはこんな雑文書いたことあるのかな、と。あったら一度でいいから読んでみたい気もするな、と。

とっておきの短編小説

気分を一変させる出来事

芥川龍之介「蜜柑」

ぼくが、芥川龍之介といえば、もうこの「蜜柑」という小説しかない。「鼻」でもなく、「羅生門」でもなく「蜘蛛の糸」でもなく、やっぱり「蜜柑」なのだ。何度、この小説を読んだだろうか。でも、そのたびに新鮮だ、などとはいわない。そのたびに悔しくなる。こんな何気ない光景なら、ぼくにも書ける、と思うから。それでいて、書けっこないのはよくわかっているから。

先日、ある詩人二人と飲んでいて、不意にこの小説が話題にあがった。「蜜柑」は知られていない小説どころか、誰しもが知っている、有名な作品なのだろう。また、短い作品なので、読みやすいのかもしれない。ともかく、小説としてその着眼点のよさ、体験をうまく取り入れるしたたかさ、気持ちが逆転する鮮やかさ、そういったものを兼ね備えている作品であると、やはり絶賛だった。
あらすじは簡単。主人公の「私」が、偶然汽車に乗り合わせた、奉公にだされる田舎娘を見ている話だ。田舎娘は着ているものもみすぼらしく、不潔な印象を与える。
引用してみるならこんな文章だ。

それは油気のない髪をひっつめの銀杏返《いちょうがえ》しに結って、横なでの痕《あと》のある皸《ひび》だらけの両頰《ほお》を気持の悪い程赤く火照《ほて》らせた、如何《いか》にも田舎者《いなかもの》らしい娘だった。しかも垢《あか》じみた萌黄色《もえぎいろ》の毛糸の襟巻《えりまき》がだらりと垂れ下った膝《ひざ》の上には、大きな風呂敷包みがあった。その又包みを抱いた霜焼けの手の中には、三等の赤切符が大事そうにしっかり握られていた。私はこの小娘の下品な顔だちを好まなかった。それから彼女の服装が不潔なのもやはり不快だった。最後にその二等と三等との区別さえも弁《わきま》えない愚鈍な心が腹立たしかった。

たたみ込むように、一瞬にして観察したことがらを書き込んでいる。顔から手、身なりや顔だちから、心の中にまでも入りこんで、「腹立たしい」と書いている。話はそれから、まだまだ不快な気持ちを充満させる。汽車が動きだしてから、あろうことか、窓を開けたりする。汽車の煙が入ってきて大変なのに。主人公の「私」はますます不快になっていく。臨界点直前まで気持ちを持って行くのだ。読者にぎりぎりのところまで行かせる。

その時、線路端でこの娘を見送る数人の子どもたちがいるのを発見する。娘は袂から蜜柑をとりだし、窓から外へ放ってあげたのだ。つまり、見送りの子どもたちに、その蜜柑を贈りものとして投げたのだ。子どもらの歓声、蜜柑がばらばらと降るその色。小娘の、弟たちに対する気持ち。この光景を見た時に、主人公の「私」の気持ちは一変する。何気ない動きの、何気ない話だが、主人公が娘を見て、不快に思った最初の印象から、最後にはその気持ちがガラリと変化して、好印象に変わってしまう、その文章が巧みだ。

夕暮れ時、暗い車内、と、なぜか憂鬱なイメージが先行しているが、娘が蜜柑をばらまくというその行為から、イメージが鮮やかに逆転するのがいい。まるで暗い部屋に明るい電灯をともしたかのように、瞬時に暗い気持ちから、希望に燃えた明るい内容で終わる。大逆転勝利だ。

ひとつの鮮やかなイメージ。そのイメージを最初から唐突に打ちだしてしまってはよくない。よい意味で、もったいぶらないと。焦らさないと駄目だ。もうここまで、というぎりぎりのところまで引っ張ってきて、スパッと鮮やかなイメージを広げてみる。それだからこそ、抑制されていたものが大きければ大きいほど、イメージの広がりが生まれる。言葉と言葉とのぶつかり合い、暗いイメージから一気に明るいほうへと導く手法、詩の書き方にだって同じような方法はあるけど、この「蜜柑」という小説は端的にそれを見せてくれたと思う。

一度でいいから、この小説のような出来事に出合ってみたいものである。

芥川龍之介（あくたがわ・りゅうのすけ）一八九二―一九二七。小説家。東京生まれ。一九一六年に発表した短編「鼻」が夏目漱石に激賞され、文壇に登場。「戯作三昧」「芋粥」「地獄変」「奉教人の死」などの名作を書いた。「蜜柑」は一九年五月、「新潮」に発表。

単なる描写を超えた文章

志賀直哉「剃刀」

小説の神様といわれた人は志賀直哉だ。当の本人はどう感じていたのか知らないが、本当にこの人の文章はうまい！　と思う時がある。うまいと思うのと、作品が好きなのとはまた違う。ぼくにとっての志賀直哉という作家は、好きな作品と嫌いな作品が極端に分かれる作家なのだ。

「剃刀」は好きな作品。その書きだしはすごい。

麻布六本木《あざぶろっぽんぎ》の辰床《たつどこ》の芳三郎《よしさぶろう》は風邪のため珍しく床へ就いた。

これが一行目だ。どこに住んでいて、何の商売の、男がどうしてしまったのか、まで一気に書ききっている。東京のど真ん中にある理髪店、そこの親方が病気で寝込んでいるという構図は、その後の不穏な成り行きを想像するに足りる書き方だ。状況の説明、イメージの喚起には申し分ない。「珍しく」という一言に、男の勤勉で、実直な性格まであらわされているようだ。

芳三郎という剃刀の達人が、風邪の影響もあってか、はじめてその使い方を誤り、客の咽喉元に剃刀を深く差し込み、殺してしまうまでのお話だ。

「剃刀」という小説、なぜ好きなのかというと、その細やかな描写にある。そのひとつに音だ。

けたたましい硝子戸の開け閉めの音。寝床から声をだす芳三郎。だが、かすれて女房に聞き取れない。店の中の兵隊たちの話し声。その後の静まり返った店内。芳三郎のいらいらした声。剃刀を研ぐ音。赤児の啼く声。そしてやってくる静けさ。芳三郎が客の額に傷をつけるまでの静寂。ここの部分に緊張が走る。殺された客には悲鳴がない。死人のように静まり返る夜。

音のイメージが、張りつめるような緊張感を生んでいる。つまり、音だけをとりだしてみても効果は抜群だし、それが自然な文体の中から生みだされているのだから、脱帽としかいいようがない。
もうひとつは色彩だ。
昼間の情景。ばたばたした店内。そして、薄暗くなる夕方の光。夜が深まっていき、薄暗いランプの光。黄色い濁った光。風邪でほてった熱の色がわかるような気配がする。芳三郎が客に傷をつける場面では、色彩の細かい描写がすばらしい。

傷は五厘《りん》程もない。彼は只《ただ》それを見詰めて立った。薄く削がれた跡は最初乳白色をして居たが、ジッと淡い紅《くれない》がにじむと、見る見る血が盛り上って来た。彼は見詰めていた。血が黒ずんで球形に盛り上って来た。それが頂点に達した時に球《たま》は崩れてスイと一ト筋に流れた。

引用したこの部分は本当にすごい文章だ。今、この時代からしたら、平明なだけで新しさのない文章と思われるかもしれないが、そうではない。この文章を書くには、言葉に対する真摯な態度がなければでてこない。それは志賀直哉の時代も今の時代も同じこと。まして や詩を書く人間には一番必要なことだ。

詩に説明はいらない。一行をどのように保つのかはその人の考え方しだいだが、詩の一行は解説ではないのだ。たとえ描写であったとしても、詩の言語は意味だけを捉えない。もちろん、単語の相互関係にもかかわってくるが、記号表現としての言語が優位にたつこともあり、意味はそれに引きずられて、また変化しながらついてくることもある。音を描いている言葉が、「剃刀」の中には多々あった。音の大きい、小さいがわかる。静寂がわかる。そしてなにより、芳三郎の気持ちの揺れが音の描写によってわかるのだ。志賀直哉はもちろん芳三郎の気持ちについて、苛々して、とか荒々しい、とか書いているが、その気持ちを本当にあらわしているのは、音だったり、色だったり、なのだ。

この文章の最初に「剃刀」の第一行を引用した。この一行は詩ではない。小説の一行だ。なぜなら、完璧に説明だけをほどこしていることに徹底しているから。またそれは、意味を相手に伝えるという言葉の性質から、この小説の雰囲気を決定づける役割に成功している。

後半に引用した、傷から血があふれる文章。このリアリティーは詩になり得るものだ。「剃刀」の中では小説の文章だが、この手法は詩としても成立する。

ぼくは作家の阿部昭が『短編小説礼讃』をだしてから、本格的に志賀直哉を読んだ。

「剃刀」もその影響で読んだ。志賀直哉のありとあらゆる小説も、エッセイも。そして、志賀直哉は努力家だったと感じている。「箱根山」と題された、小エッセイがある。これは志賀直哉が文章の勉強のために書いた、習作なのだ。目に見えるものと見えないものを、いかに言葉にするのか。詩も小説もエッセイも、言葉について考えるということについては何も変わらない。

エッセイを読んでいたら、志賀直哉は日本の国語をフランス語にしたいという考えがあったようだ。本当に志賀はそのようなことを考えていたのだろうか？　小説の神様は、日本語の本当のすばらしさを知っていたのだろうか？　まあ、ちょっと疑問は残るけれど、それにしても「剃刀」は、すばらしい切れ味の小説であったといえるだろう。

志賀直哉（しが・なおや）一八八三─一九七一。小説家。宮城県生まれ。一〇年、武者小路実篤らと「白樺」を創刊、「網走まで」などを発表した。「城の崎にて」「小僧の神様」「焚火」など数多くの名作を書き、小説の神様といわれる。長編小説「暗夜行路」がある。

レモンティーを横に置いて読みたい小説

梶井基次郎「檸檬」

短編小説というジャンルが好きなこともあるが、このジャンルは意外に詩に似ているらしい、ということを最近ひしひしと感じている。

そこで登場！　なのが梶井基次郎。梶井といったら「檸檬」ですね、といいたい。ぼくとしては、他にも「冬の蠅」とか「愛撫」とか「闇の絵巻」とか好きな作品はいっぱいあるが、今回はあくまでも「檸檬」。あまりに有名なこの話、焦燥しきったある男が、檸檬の美しさに惹かれてひとつ買い求める。その香り、高貴さに男は魅せられ、書店のうず高く積まれた本の上に、檸檬をひとつの爆弾のごとく置き意気揚々と立ち去る、というお話だ。ぼくはこの短編をもともと小説という認識で読んでいたのだが、近頃、それを大幅に訂正したくなってきた。つまりこれは完璧に詩である、と。

正確ではないが、以前「檸檬」は詩だ！　と力説していた文章を読んだことがある。誰の文章だったのか覚えていないのが残念だが、その時は、そんなことはないと思うぐらいだった。だが、改めて「檸檬」は詩だと感じている。

たとえばの話。ここに水の入ったコップがあるとする。お茶の入った湯呑みでもいい。それが、自宅のありふれたテーブルの上に置かれているとする。コップや湯呑みがテーブルの上に置かれている風景、つまりその情景はごく当たり前のことであり、なんの変哲もないことである。普通の状況と理解していただきたい。ただ、このコップなり湯呑みが、一線を隔した場所、すなわち、ありふれた自宅のテーブルではなく、たとえば、広い砂漠の中であるとか、うっそうと茂ったジャングルの一本の木の幹に置いてあるとか、都会のしゃれたビルの廊下の真ん中に置いてあるとか、そういう状況にあったならどうなるか、ということとなのだ。こうなると、コップや湯呑みは単なる水を入れた器の域を超える。実用性は低くなるわけだ。そのかわり、コップと砂漠という対比が残され、新たなるイメージが生まれるはずである。

梶井の作品「檸檬」は、この対比をいともなげに鮮やかにおこなっている典型みたいなものだ。書かれた時代を考えると、檸檬のイメージは本当に斬新だったのではないかと想像する。現在、詩や小説を書く人たちにとっては、この対比というのは自然に使いこなしている技術かもしれないが、意識している人はどれくらいいるだろうか？

梶井は「檸檬」を行分けの詩作品としても残している。「密やかな楽しみ」と題されたその詩は、小説の「檸檬」を短く圧縮しただけのようで、深みがない。言葉は短くすればいいというものでもなく、丹念に書き込んだ文章のほうが美しい時もある。

「檸檬」は、ひとつの美のオブジェを完成させたといえるだろう。ただ、何らかのストーリーを追い、心理をさぐり、文を構築して作品として成り立たせるのが小説だとしたら、「檸檬」はちょっと違うのではないか。もし美を創りあげるほうに重点が置かれているのだとしたら、小説ではない可能性があるわけだ。となると、エッセイか？　そうではないだろう。ルポでもなければ日記でもない。となると、美を追求した、まさしく詩という作品ではないだろうか？

最近、ぼくはとくに思う。小説のような詩ができていると。近年では、伊藤比呂美さんの『とげ抜き　新巣鴨地蔵縁起』（講談社刊）ではないだろうか？　小説として読むか詩として読むか、それはどちらでもいいのだが、小説とは思えないので、きっと詩なのだろうと思う。いや、確かに詩が潜んでいるのだ。ちなみに詩の賞である萩原朔太郎賞を受賞されている。

松下育男さんが「生き事」（創刊号）という雑誌で書いていた「火山」も、散文形式で長い。小説のようでもあり、エッセイのようでもある。だが、よく読むとこれは立派な詩だ。詩であるとしかいいようのないものなのだ。詩の常識からいうと散文詩になるのだが、通常の散文詩より、言葉がゆるい。そのぶんルーズに見えるが、小説ではないということは確実なのだ。そしてなにより、文の中には詩の言葉がある。では、詩の言葉って何だろう？　矛盾するようだが、詩の言葉なんてものはない。あるのは、ただの普通の言葉だけ。しかし、その言葉の働き方、作用の仕方によって、大きく変わる。詩を書く人間は、それを強く意識して書く。意識して書くことによって、言葉はその意味が変化してくることもある。しかし、そうたやすく意味が転じることはないにせよ、相互に関係しながら意味が少しずつずれていくことはあり得るのだ。極端な話だが、居酒屋のメニューがその並び方しだいでは、すてきな詩に変わることもある。

それからもうひとつ重要なのは、文体と呼ばれるものだ。文体はその人の匂いのようなもの。拭いきれない自分の形、とでもいったらいいのだろうか。これは文章を書いていくうえでの自分なりの癖のようなものであり、また、あえて修練によって勝ち取るものでもある。文章を書く上でとっても重要なことだ。言葉の選び方、そして文体。それらが総合的に混ざり合ってひとつの作品ができあがる。それは物語となり新たな意識を持つものなのか、そして、もともと言葉が持っている意味を超越したものがにじみでているのか、ということになる。前者が小説だとしたら、後者が詩になるのだ。

ぼくは今、詩が新しい段階に入っていく時なのではないかと思っている。行分け、連分けの詩、散文詩、そこから新たな飛躍をした小説に似た詩。そういうものが迫ってきてブームになるような気もする。(詩の世界だけのブーム?)ただ、自分がそこに参入しようとはあまり思わない。なぜなら人の真似をしてもいいものは書けないから。ただ、通常の行分けの詩には閉口しているのも事実。読みにくくて長く、むずかしいものも嫌いだ。

あっ、そう、今回は「檸檬」だった。梶井の文体は、今の時代では詩に通じるところが多くある。いや、多くの人が詩として読んでも間違いではないと感じているのだ。

つまるところ、いろいろ書いてきて無責任のようだが、「檸檬」が小説でも詩でもそんなことは関係ない。ただぼくは、何回となく「檸檬」を読み返したくなるだろうし、そのたびに新たな感動を持つことだろう。いつまでたってもそのオブジェは不滅だ。

うん、読んだあと、いつもレモンティーが飲みたくなるほどすてきな作品だということがいいたいし、自分でもそんな作品を生涯一編でもいいから書いてみたいと思うばかりだ。

梶井基次郎（かじい・もとじろう）一九〇一―三二。小説家。大阪生まれ。二五年、同人雑誌「青空」を創刊、「檸檬」「城のある町にて」などを発表。生の不安感を鋭く、詩的感覚で表現する。その後、結核療養のため伊豆湯ヶ島に転地し、「冬の日」「桜の樹の下には」などを書いたが、三十二歳という若さで亡くなった。死後、文学的評価は高まる。

かっこいいぜ！　鎌倉文士！

永井龍男「青梅雨」

そろそろ梅雨に入ろうかという時期になると、いつも思いだすのが永井龍男の「青梅雨」という小説だ。

借金を苦にした、一家の服毒心中事件が書かれている。だが、書かれているのは事件そのものではなく、心中を図るその直前の家族の様子なのだ。

この小説のうまさ、というものはもう、半端じゃない。まず、最初に感じるのがその構成だ。永井龍男の小説は、第一章、第二章、ではなく、A、B、C、D、と続く。アルファベットにとくに意味はないだろうが、1、2、3、よりは順位感覚が鈍る感じがする。当然、話はAからはじまるのだが、この「青梅雨」だけは違う。Aの前に、新聞記事が載っている。もちろん、新聞記事は小説の中の創作で、つまり、話に伏線を入れているのだが、出来事だけを記す渇いた文章で、心中事件を報告しているのだ。そして、Aの章がはじまる。一家の主人が湘南電車から、江ノ電へ乗り換える場面にスッと変わる。登場人物や、借金苦のため服毒心中に至ったことまでは「新聞記事」ですべてわかっているから、大田千三というこの一家の主人が、生きていて、何をしているのかが、興味の的となる。

大田千三の行動が描写される。夜の糠雨の雰囲気が陰湿さをまし、この小説のイメージを決定づけている。Aの前の新聞記事の文章との対比がすばらしい。そして、Bの章は千三が家に帰り着くところからはじまる。千三と妻の、どこの家庭にでもありそうな、さりげない会話。無駄な説明が一切ない。ここの部分だけを拾い読みしたならきっと、明るい私小説ふうの家庭的な話、であると勘違いするだろう。それほどまでに、死とは縁遠い会話のようだ。だが、よく読むと、すべてにおいて死への準備だとわかるのだ。Cは養女の目線から追う。それと千三の妻の姉の会話。普段しそうもないことや、昔のことをしみじみと懐かしげに語っていく。涙もなく、ここでも、本当に淡々と会話が進んでいく。Dに入ると、千三を中心として、その妻、妻の姉、養女の四人が集まる形になる。なにかし忘れたことはないか、家族の、他人への気遣いが見える。それから、家族同士の気遣いも。ここでも無駄な説明は一切入らない。ほとんどが会話で推し進められ、まるで演劇を見ているように感じられる。それほど、生々しい。最後の儀式ともいえる、足袋を履き、クリーニングされたパリパリの浴衣を着るシーン。千三が帰りに買ってきたお酒を、お猪口で飲むシーン。ここまでは、ほとんど感情が顔をださない。最後に緊張の糸が途切れ、養女の春枝が泣き伏す数行。この数行がとても衝撃的だ。Dの章の最後は、一行あきになり、検死に立ち会った親類の言葉が、やや神妙に語られているだけで、この小説は終わる。

死というものを真正面から取り上げていて、死について何も書かずに、人間の深淵を語った小説。構成だけにとどまらず、感情を表にださない、抑制された表現で押し通している。これが悲しみを倍増させ、怖さを増しているのだ。また、会話を駆使したことは、永井龍男の小説の特徴とはいえ、特段の効果をあげている。つまりごちゃごちゃした長ったらしい文章でまどわすのではなく、説明を省き、簡潔なのだ。無駄な言葉がひとつもない。

この小説を初めに読んだのは、ぼくが二十代の頃だった。ものすごくうまい！というのと、怖い！と思ったのが第一印象。永井龍男の名前はこれ以来忘れてはいない。だが、五十歳を過ぎて、この小説を読み返すと、さらにすばらしさがわかったような気がする。小説の会話のひとつひとつがすべて意味のある言葉になっているから。それは単独に取り上げれば、何の変哲もない普通の言葉。だが、死を目の前にした人間が発しているのだと思いながら読むと、ものすごく重たい言葉になる。つまり、言葉はまわりの環境によって、同じ言葉でも違う意味になるのだ。また、こちら（今の場合、小説の読者）が死を意識しなければ、「青梅雨」という小説はものすごくつまらない小説だといえるだろう。ふーん、そんなもんかなあ、という読者もいるに違いないのだ。だが、もし、仮に、一家心中をこれから決行しようとする人がこの小説を読むにいたったら、泣けてしまい読むことができなくなるかもしれない。心中しようという家族が心中話の小説を読むことはないだろうが、読み手の心次第で、世界一の名作となり得るだろう。

よく、詩や小説、芸術一般に、「わからない」といわれることがある。それはある意味で読み手にも責任があるはずだ。創作者の波長、言葉の環境を、読み手はある程度把握することが必要だ。無意味な先入観を持たずに読むことも。そして肝心なのは、素直に作品に向き合うことが、理解を増す方法のひとつなのだ。この「青梅雨」の場合、読者はある一定の言葉の環境を、つまり死と向き合うということを前提に持って、読んだほうがいいかもしれない。

「青梅雨」の中で、一家の主の大田千三は、最後の電車に乗り、家に帰り着いてからこのようにいう。

「なにもかも、みんなすんだ」

二人きりになると、千三はひでの床の脇にあぐらをかいた。

「なにか、仕忘れていることはないかと、明るいうちは、一日中そわそわした気分だったが、帰りの電車に乗ると、すっかり落着いてね。今夜ほど人の顔や、外の景色を、落着いて眺めたことはないよ」

なかば自分に云い聞かせているような、言葉遣《づか》いであった。


この小説を書いた、永井龍男という人。短編作家としてすごい人。俳句でもすごい人。編集者としてもすごい人。ずっと芥川賞作家を選んできた人。頑固一徹そうな人。鎌倉文士。ちょっと怖そう。生きながらにして死ぬ直前のことが書ける人。そうざらにはいないぞ。亡くなっているので、お会いしたくてもできない。だから本当はどうかわからないけど、「青梅雨」を読んでみて、やっぱりすごい人。

かっこいい！　とぼくは思う。

永井龍男（ながい・たつお）一九〇四―九〇。小説家。東京生まれ。二三年、「黒い御飯」で菊池寛に認められ、新聞小説「風ふたたび」で文壇の地位を確立する。庶民生活の哀感のにじんだ作品を多く書いた。主な作品に「一個」「青梅雨」「皿皿皿と皿」、「コチャバンバ行き」（読売文学賞）ほか。評論、随筆でも活躍。鎌倉文学館の初代館長。

やっぱり女性は怖い

三島由紀夫「雨のなかの噴水」

もうじき梅雨に入る。ジメジメとした嫌な季節である、と考えるのはいただけない。水に濡れ、なにもかも生き生きとしてくる季節なのだ。そう思うと、「雨の日も噴水は出ているかな」と考えた少年は、詩の心を持っていたのではないだろうか？

三島由紀夫の小説に「雨のなかの噴水」というのがある。三島由紀夫は、こむずかしい長編小説ばかりではなく、都会的なセンスがあるものや、青春のきらりとしたカケラのような短編小説もいっぱい書いている。そう、ぼくは三島由紀夫をけっこう読んでいるつもりだ。いつ読んだのかというと、高校生のころ。わけもわからず、長編を片っ端から読んでいた。本当に、何が書かれているのかなんて、全然わからなかった。ただ、がむしゃらに、これは読まなければならないと、自分にいい聞かせて読んでいた。たぶん、荒んでいたからだろう。一番楽しいはずの高校時代、ぼくは絶望の中にいたから。学校がぼくの肌に合わなかった。工業高校に行き、手に職をつけ、卒業したら機械工として働こうと本気で思っていた。だが、入った高校は、勉学とはほど遠いところで、ぼくの居場所はなかった。同じような境遇の友人も何人かいた。だが、ぼくは高校生活に不満だった。それをすべて肯定させるには、本を読むことしかなかった。なんだかとっても不思議だけど。そこで手に取ったのが三島由紀夫。新潮文庫の長編を片っ端から読破していった。わけもわからずに。ただ短編小説は軟弱だと思っていたので、いっさい手をつけなかった。したがってこの小説を読んだのは、ずいぶん後だ。詩人、清水昶が開いていた「詩塾」に通っていた時である。そこで埴谷雄高の『闇のなかの黒い馬』と共に、紹介されたのだった。

今これを書くに当たって、もう一度読み直したが、やはり、この小説はおもしろい。少年が言葉に目覚めるところからこの小説ははじまるわけだ。つまりこんな筋である。

明男は「別れよう」という、もっとも光輝く言葉を告げるためだけに、少女雅子と付き合う。雅子を口説き、寝る機会を作り、そして一緒に寝て、準備万端を整え、「別れよう」という最高の言葉を口にする。少女雅子は、それを聞き、泣きだす。いつ止まぬとも知れず、泣いている。然るに雨の日、明男は雅子の涙を止めるには、雨の中で噴きだしている噴水を見ればそれに圧倒されて泣きやむのではないかと考える。明男はその考えにも有頂天になる。そして明男は大噴水の前に雅子を連れてくるが、明男のほうが、その噴水に圧倒されてしまう。最後は雅子の口から意外な言葉が漏れる。

明男の感覚がいい。明男が天命だと思っている「別れよう」という言葉。男なら、そう、かっこよく「別れよう」と一度は口にだしていってみたいものなのであろうか。それは別としても、言葉そのものを、ひとつの大切なもの、それ以上のかけがえのないものとして、三島は見ているのだ。暗闇の中で疾走する真っ黒な馬同様、雨の中での噴水はどうなっているのかという発想。確か、清水昶先生はそこを強調していたように思うけど。もうひとつ、この小説のすばらしさは「噴水」の描写にある。この書き方は絶品だ。

頂きにちかい部分の水は、雨空を透かして影を含み、胡粉《ごふん》をまぜた鼠《ねずみ》いろをして、水というよりは粉っぽく見え、まわりに水の粉煙りを纏《まつ》わりつかせている。そして噴柱のまわりには、白い牡丹雪《ぼたんゆき》のような飛沫がいっぱい躍っていて、それが雨まじりの雪とも見える。

明男が噴水を見ている描写の引用だが、これは作者が実際、見て、感じて書いたものだろう。頭の中だけでは絶対に書けない文章である。

詩を書きはじめの頃、「ゾウ」という短い詩を書いた。象を見て書いたのではなく、頭の中で、書いた。そしたら、すぐに、詩の先生（これは清水昶先生ではなく弓田弓子先生）に見破られた。こういう作品を書く時は必ずその対象をよく見て、観察してから書かなくちゃだめなんだと、諭されたのだ。基本中の基本をズバリといわれたぼくは、とっても恥ずかしくなったことを覚えている。それ以後は、自分で見たこと、観察すること、自分の体の中を通った言葉を書く、ということを心がけた。

さて、三島の「雨のなかの噴水」だが、話の筋からしたら青春のたわいもない恋愛小説。少女雅子が「別れよう」を聞いて泣いたのではなく、理由もなく、ただ泣いていただけの、つまりは翻弄された少年の話。それだけの話、でもよいだろう。でもぼくにとってはそうではない。この小説は、「別れよう」という、少年が初めて意識した「言葉」の話でもあり、その言葉が少女の言葉によって簡単に崩壊する怖さの話でもあるのだ。となるとこれは、極論だが、言語を意識した、言葉のはじまりの小説と呼べないこともない。

それにしても、自分を好きでいてくれる女性に対して「別れよう」なんて、ぼくはどんなことがあってもいえないな。それって、モテない男のひがみ根性かな。

三島由紀夫（みしま・ゆきお）　一九二五—七〇。小説家。東京生まれ。戦後、川端康成に推されて「煙草」を発表し、文壇に登場。小説、戯曲、評論などで幅広く活躍、文学を超え、芸術、思想に影響を与える。主な作品に「潮騒」「金閣寺」「豊饒の海」ほか。

余計なものは書かないで

井伏鱒二「グダリ沼」

毎年、釣りにいく。ぼくの釣りは渓流釣り。はじめてもうかれこれ十年以上になるだろうか。職場の先輩に連れて行ってもらったのがきっかけ。山梨県の東部や静岡県の伊豆方面にでかけることが多い。釣果はさほどではないが、山の中に入り清流の音を聞き、ヤマメやイワナの顔を拝めることを期待して竿を振る。それだけで楽しい。というわけで、釣りの文章で、ぼくが大好きな井伏鱒二の「グダリ沼」だ。

井伏は釣りが好きだ。岩波文庫（以前は新書）からでている『川釣り』という本は、多くの方が知っているだろう。ぼくはこの本に愛着を持っている。とくに、「グダリ沼」には。

小説というより、これは紀行文、といったものだろうか。もちろん、釣りの指南書ではない。肝心な魚は、一匹も釣れない。風景の描写や人とのやり取りなどは多々あるが、それが主題になっているとは思えない。だからといってストーリーが劇的に展開するわけでもない。だが、何度も読み返し、幾度となく、ああ、いいなあと感じるのはなぜだろう。「グダリ沼」の文章には、なにか秘密があるのだろうか?

内容的には、井伏が番頭と一緒に釣りをする前半、翌日、案内役の老釣り師と二人で釣行にでかける後半とにわかれる。大きなアタリはあるが、けっきょくばらし(釣りの用語で、釣り逃がすことを「ばらす」という)てしまう。一匹も釣れない。そして老釣り師との別れ。ただそれだけの文章。

青森市から乗合自動車で出発し、大野《おおの》部落を右手に見て雲谷峠《もやとうげ》に向かった。それが六月六日であった。

これは書きだしの行だが、このそっけなさは何だろう。ここから一気に高原、茶店のひと時、そして、また山間の中を走る風景描写が続く。今、こうやって井伏の文章を考えていて、思った。言葉に無駄がないのだ。余計なものがいっさい排除されているので、さっぱりとしていて、映像を見るように読める。一気に本題に入るその潔さ。どこで、だれが、どうしてその場所にでかけて行ったのか、などということはいわない。井伏鱒二はもう乗合自動車に乗っている。わかりきっていることは初めから書かない。いきなりはじめている。会話の部分もいきなりはじまる。

「お前さん、どこから来た。」

といった。

「東京から来た。」

と答えると、その男はいった。

「釣れたか。」

「駄目だ、一ぴきも釣れない。こんな沢山いるのに、どうして釣れないのかね。さっぱり駄目だ。」

「儂《わし》も、今朝から釣っておるが、一ぴきしか釣れぬ。」

釣りをする男たちの会話は、事実、こんなにそっけないものであるが、ぼくはこの会話、これだけで気持ちの糸が、一本ピンと張られているような気がする。文章を書く時、つまり、言葉を置く時の井伏の意識が集中しているからこそ、この緊張感が生まれているのだ。

話は変わるが、この「グダリ沼」という紀行文のことは、じつは詩人の近藤久也さんが「ぶーわー」という個人誌の創刊号ですでに紹介している。一九九八年のことだ。近藤さんとは面識はない。雑誌や詩集のやり取りだけ。でも、なんだか、旧知の間柄のような気もしている。お会いしたことはなく、言葉だけの世界だから、そう思っているのはぼくだけかもしれないが。近藤さんはその個人誌で、「私は滅多に詩は書けない。なのに詩を書き始めてから随分時間がすぎてしまった。書いた数は釣った魚の数よりも少ないだろうか。誰かと偶然会うようなものだ。すれちがったことは随分あるかもしれない。」と書いている。釣りも詩も、偶然出合うものかもしれない。どこか似通ったところがあるように思えてならない。

井伏が、「グダリ沼」の中でイワナをばらした時の文章はこんなふうだ。


「ばらした。」

思わず私は舌打ちをした。一尺ちかいやつであったろう。

テグスと道糸のつなぎ目が切れていた。胸の動悸がまだおさまらないで、テグスを結ぶ手が震え、腕を岩角に倚託《いたく》しても結びにくかった。

井伏はイワナをばらした時、たしかに魚と一瞬、出合った。だが、その出合いに言葉はない。否、ないはずなのだが、もしかして言葉になる前の言葉がそこにあったのだ。

何かを強く感じた時、即座に言葉はでない。手が震え、テグスを結べない程の感動。イワナと出合えた感動の言葉がここに芽生えたのだ。言葉になる前の言葉。たぶんこれが詩の言葉の原型なのだと思う。

そして、案内役の老釣り師と井伏のそっけない別れ。方言がきつく、会話がなりたたないような老人。さりげない別れの言葉が胸を打つ。

「どうも有難う、お大事に。」

「すづがに、おであれ、気つけで、おであれ。」

お互に帽子をぬいでお辞儀して別れた。

無駄な言葉が一切なく、方言のぬくもり、すがすがしい挨拶だけが残る。ああ、ぼくももう余計なことは書くまい。

井伏鱒二（いぶせ・ますじ）一八九八―一九九三。広島県生まれ。小説家。二九年、「山椒魚」などで文壇に登場、三七年、「ジョン万次郎漂流記」で直木賞受賞。作風は削ぎ落したむだのない表現に人間味あふれるユーモアがただよう。主な作品に「さざなみ軍記」「多甚古村」「漂民宇三郎」「黒い雨」ほか。

すばらしきかな短編小説

切ない、切ない、恋

牧野信一「繰舟で往く家」

牧野信一の「繰舟で往く家」を紹介しよう。この小説は、愛し合う男女の話だ。いてもたってもいられない想いが、ひしひしと伝わってくる。これほど愛しい、苦しい気持ちってあるだろうか。そう、切ない、という言葉がこれほど似合う小説はないと思う。

牧野信一は神奈川県小田原市の出身。「村のストア派」「ゼーロン」などの幻想的な作風を持ち、「ギリシャ牧野」と呼ばれていたようだ。ぼくはそんな牧野信一はあまり好きではない。出発当時は私小説。「爪」という小説がいい。なんだか不思議な味の小説だった。でも、ぼくはそんなにのめり込んだわけではなかった。

大川渉編の『短篇礼讃』（ちくま文庫）は、じつは別の作家の短編小説が読みたくて買ったものなのだが、その中に「繰舟で往く家」はあったのだ。どこで、どんなふうにいい詩や小説に出合うのかは本当にわからないものだ。この『短篇礼讃』のようなアンソロジーには、意外な作品も含まれていることが多く、古本屋などを歩き回った時に安い値段であれば買っておくことにしている。知らない作家だから読まないではなく、知らない作家だからこそ読んでみることだ。読書は出合いだから、これも何かの縁だと思って本をひらいてみよう。

さて、「繰舟で往く家」を少し紹介しておく。

愛する娘の家に行くには、川を渡らねばならない。だが、川底は浅く、艪は漕げない。棹もさせず、橋もない。岸から岸に綱を渡し、その綱を手繰って舟を進める。これが繰舟。青年は雛祭りの晩、娘と結ばれるため、やってくるのだが、雪解けのため川は増水。舟は流されている。対岸には愛しい娘。大きな声をだせば声は通じるが、綱だけでは渡れない。二人は上流を目指して対岸を歩き続ける。もしかして、この川を渡れる場所があるのではないかと、二人で抱き合うことができるのではないかと。

愛し合う二人にとって、姿も見え、声も聞こえ、すぐそばにいることがわかっているのに、触れ合うことができない。こんな切ないことがあるだろうか。小説の終わりは結末を書かない。どこまでも渡れそうもなく、水煙だけが舞っているだけ。その後の二人はご想像にまかせる、といった終わり方なのだ。

牧野信一は何を書きたかったのだろうか？　二人の愛の強さだろうか。違うだろう。二人をとりもつシチュエーションの妙だろうか。これも違う。ではぼくが感動した、切なさだろうか。ぼくは確かに青年と娘のこの上もない切なさに、自分の身を重ねてみたらという思いで読んだ。そしてそこに、感動した。だが、よく読んでみるとそれも違う。牧野が書きたかったのは、希望だったのではないだろうか。上流まで行けばいつかは必ず会える、という憶測にも似た希望。その確率は低いけれども、ゼロではない。現代のぼくらの生活には、ちょっと欠けているそんなもの。今の作家には、絶望が多いような気がするのはぼくだけだろうか。

文学という概念は幅広く、いかなる可能性も秘めているものだから、これはひとつの考え方だと思ってほしいが、詩も小説もすべての基本は生活だ。生活がなければ、文学は生まれない。文学があって暮らしているのではなく、生活があってこそ、そこに文学作品が生まれるのだ。

ノンフィクションやルポルタージュは事実を伝えるということを主眼に据える。そして詩や小説では、ひとつの作品を創作する。言葉によって作り上げていく。強い言葉が必要になる。言葉は、人間から発せられるものだから、その基礎は、幼児期だったり思春期だったり、現在の自分だったりする。そして、毎日の生活というものがあり、だれしも生活からは逃れることができない。その生活をおろそかにしていては、本当の作品は書けない。大切な言葉は、人生をしっかりと生きている人から生まれてくる。だからぼくは生活を大切にしたい。生活を大切にしない人にいい作品は書けないと思っているから。

牧野は「繰舟で往く家」で、「希望」という言葉を使わずにぼくに希望を与えてくれた。自殺した作家ではあるが、牧野のどこかに希望という文字はあったと、思いたい。

先に起こった未曽有の大災害、東日本大震災では、ぼくたちは絶望に対峙することとなった。だが、人間としてこの困難に立ち向かい、いつの時でも望みを失わず生きていかなければならないと、日本国民すべての人が思ったことだろう。それは、愛し合った者同士が結ばれるまで、川をさかのぼり歩き続けなければならないのと同じことだ。そして、それは、いつかは必ず達成できることだと信じたい。きれいごとではなく、絶望ではなくて。

牧野信一の「繰舟で往く家」の最後のほうにはこんな数行がある。

「どこまで歩いて行っても駄目《だめ》だったら……?」
「そんなこと考えないでよ。楽しい瞬間だけを、この径《みち》の尽きるまで胸一杯に空想しながら、歩いて行くのよ。」

もちろん、多くの困難と苦悩はあるだろうけど。さあ、恋人よ、会える日まで希望を持って頑張ろうよ。

牧野信一（まきの・しんいち）一八九六—一九三六。小説家。神奈川県生まれ。一九年、短編「爪」で島崎藤村に認められ、「父を売る子」「父の百ヶ日前後」などで注目される。初期の作品に浪漫的な色彩の濃い特色が見られたが、のち、「村のストア派」「ゼーロン」「鬼涙村」など幻想的な世界を展開した。

涙がでる場面

山川方夫「煙突」

あまり小説を読まない人でも、太宰治の名前はよく知られているが、山川方夫はそれほどでもない。こんな不公平なことってあるものか！　ぼくはいつもそう思っている。ということで、小説「煙突」を紹介しよう。

まずは、山川方夫の略歴から。昭和五年東京生まれ。慶応大学出身。戦中、疎開のため、神奈川県の二宮町に移る。戦後の第二次「三田文学」編集に参加し、第三次「三田文学」の編集担当者。江藤淳に「夏目漱石論」を書かせ、世にだす。つまり有能な目利きの編集者だった。そのかたわら自らも小説を発表する。短編小説の「夏の葬列」は教科書にも載り、近年少しは知られてきた。昭和四十年、二宮駅前の国道一号線を横断中、小型トラックにはねられて亡くなった。三十四歳の若さだった。「愛のごとく」「海岸公園」「安南の王子」「昼の花火」「演技の果て」「その一年」などの作品がある。

さて、山川方夫の魅力ってなんだろう? そう考えてもさっぱりわからない。小説の書き方、つまりレトリックであるとか、比喩であるとか、そんなことはあまり興味がない。作品の衝撃性といったらいいのだろうか、読んだ後の、自分だけの感覚を大切にしたいのだ。山川の作品を読めば、先のレトリックに関してみても、どれもうまい。ただ文学作品、いや、芸術的作品には技術だけではどうしても越えられない何かがある。この「煙突」という小説を読んだ時、ぼくはまったくの無垢になった。技術だけでは書けない何かがあった。

戦後間もなくの貧しい時代。疎開先の二宮町から、三田の慶応まで電車で通う十五歳の少年。そんな病弱な山川少年は学校の小部屋で過ごす時間を嫌い、屋上に上がり、独りで過ごすことになる。ボールを壁にぶつけ、架空の野球のリーグ戦をおこなう。そんな時、気になる生徒の山口が先客として屋上にいる。無口だが、どこか繋がっている二人。いつしか山川少年の貧しいお弁当を、わけあって食べるまでになる。ある日二人は寒風の中、屋上から連なる煙突に登る。そこには焼け跡の、魅力のない地上の世界がひろがっていた。

孤独とか、友情とか、生とか死とか、この小説からこのようなキーワードを拾うのはたやすいことだ。だが、ぼくはそこに感動したのではない。もっと混沌とした感情があり、そこに心が動かされたのかもしれない。一面焼け野原になって、死を間近に見、自身も死の恐怖におびえてきた戦争体験を軽視するわけではないが、今を生きている我々においても、少なからず絶望的な感覚に煽られる時はあるはずだ。この小説は今の時代においても共通点がある。

そこで、山川青年が差しだす弁当である。同窓の山口はお弁当を持ってこない。その山口に、自分のお弁当をわけてあげる。その部分を少し引用してみる。

　絶句して、やっとぼくは昴奮から身を離すべきだと気づいた。ぼくは握り飯の一つを取り、頬張って横を向いた。もうどうにでもなれ、と思った。こん畜生。もう、こんなバカとは、ツキアイきんない。……そのとき、山口の手が、ごく素直な態度で、弁当にのびた。
「――ありがとう」
と、彼はぼくの目を見ずにいった。そして、握り飯をまっすぐ口にほうりこんだ。

人はどう思うかわからないが、ぼくはこの場面がすばらしく美しいと感じた。なぜか、涙がでるのである。

大切なお弁当を差しだす。食べるかどうか、わからない。自分の行為がちょっぴり恥ずかしくもなる。でも彼は素直にその行為を受け取り、お弁当を食べてくれる。二人の気持ちの揺らぎがひしひしと伝わってくる。それぞれの自意識の葛藤と相手への気遣い、謙遜と尊敬、喜びと悲しみ、混沌とした気持ちが入りまじっている。この感覚をどう表現したらいいのか、単なる孤独や友情の問題ではなく、人間として生きていくうえでの、根本的な部分に触れているとしかいいようがない。はっきりいって自分でもなぜこんなに、この場面に執着するのかうまく説明できないでいる。

そう、説明といえば、多くの芸術作品を批評家といわれる人たちが解説している。もちろんそれはそれですばらしいことである。批評家が解説し、その作品を理解する手助けをする。または作り手たちを擁護し、非難し、常に新しいものを目指すことも必要だろう。そうでなければ、進歩はないし、斬新さが生みだされる可能性も低くなる。ただ、本当の芸術の理解はちがう。それは言葉では到底いいあらわせないものだからだ。言葉をいくら重ねても、真の回答をいうことはできないだろう。近づくことはできても。なぜならそれは言葉には限界があるから。だから、ぼくは自分の感覚をだいじにしたい。
山川方夫の他の作品も、一時期、むさぼるように読んだ。どれもおもしろく、すばらしかった。奥が深くセンスもよく、けっして太宰治にひけはとらないと確信している。この小説の最後に、煙突に登り、下界を見渡すシーンがある。すべてを象徴する大切な場面だ。だがそれを承知のうえで、あえていおう。「煙突」の、お弁当をわけあう二人は、ぼくにとって山川方夫の頂点になったと。

山川方夫（やまかわ・まさお）一九三〇—六五。小説家。東京生まれ。第三次「三田文学」を編集。「演技の果て」「その一年」「海の告発」などが芥川賞候補となる。主な作品に「海岸公園」「親しい友人たち」「長くて短い一年」ほか。

すべて私事、これが清々しい

尾崎一雄「華燭の日」

子どもが大きくなって、親の手から完全に離れるようになると、そこには一抹の寂しさがある。ぼくには子どもが二人いる。どちらも男。長男はすでに就職をして、今は電車の車掌をしている。次男はまだ中学生。先日、家族でその長男が乗務している電車に乗ってきた。働いている息子は自分の息子ではないような気がした。大人の男の顔になっていた。正直なところ、うれしい半面、寂しかった。

息子でさえもそんなふうに感じたのだから、これが娘だったらどうだろう？　ましてや、嫁に行く時ともなると。というわけで、尾崎一雄の「華燭の日」という小説だ。華燭とは、華やかな灯、つまり婚礼のこと。

何ごとにも自信のない主人公、緒方。仕事は小説家。娘の縁談があり、それを延ばしているが、話はどんどん進んで行く。緒方はできることなら、嫁にやりたくないほど、娘のことを思っているのだ。そんなある日、東京からの帰り、電車の網棚に花束を見つける。新婚のカップルが置き忘れたか、捨てていったものかわからない花束。そして、昔のことを思い返す日々が続き、いよいよ結婚式の前日。父親と娘はやはり涙ぐむこととなる。式が終わって、悲しみの中の緒方はふと、考える。娘ならもらった花束をどうするのかと。

尾崎一雄、ぼくはこの小説家がとっても好きだ。『虫のいろいろ』『閑な老人』そしてこの「華燭の日」が入っている『暢気眼鏡』（新潮文庫、平成六年復刻版）を持っていて、愛読してきた。まさに私小説作家。初期の作品からずっと順に追って読んでいけば、尾崎一雄の伝記のようにも読める。貧乏、病気、戦争、そして文筆家としての苦労。どの作品にもその時々の気持ちのうつろいが緻密にあらわされている。ロマンを追い求めたり、壮大な理想を語ったりすることはないが、小さなことに目をむけ自分に向き合い、確実に気持ちを文章に綴ってきた。それでいて、思いのほかジメジメしたところがなく、ユーモアをふくみ、個人の作品が個人にとどまっていないのだ。心境小説とも呼ばれるゆえんだ。

私小説がいいか悪いかではなく、ぼくは、文学というもののひとつの形態として、尾崎一雄のような考え方があっていいと思う。つまり、一個人の生活や人生、細々とした小さい事柄を書いていく、ということだ。

ぼくは詩を書いているが、詩は小さいことを書くのに適している文学だ。小さいこと、なんだかみみっちいなあ、と思われるかもしれないが、それが大きいことにもつながるのだ。些細なことがしっかりと書けなくて、どうして大きいことが書けようか。まずは身の回りの大切なことがきちんと書けなければなにもはじまらない。

絵画はデッサンがだいじだとよくいわれる。文学だって同じだ。まず、文章にする題材をよく見ること。次はそれを文字に変換する。どうすれば、読んだ人たちが、自分が見たものと同じように感じることができるか、を考えながら書く。確実に言葉にすること。こうやって書いてしまえば簡単だが、実際はとってもむずかしい作業だ。たとえば、目の前に水の入ったコップがあるとしよう。その、情景を書きあらわすにはどうしたらいいのか。「テーブルの上のひとつのコップ、その中に水が入っている。」とでも書くのだろうか。この文章の中には、あらゆるイメージが交錯してしまい、百人百様のぼやけたイメージになってしまうだろう。「木製のがっしりとしたテーブルの上に、ひとつだけぽつんと置かれた透明なコップ。その中には半分ほどの透き通ったきれいな水が入っている」このように、少し書き進めてみると、より具体的にもなる。もうすでにここでもわかるだろうが、言葉の不自由さを感じはしないか。目で見れば一目瞭然の世界なのに。それを文字であらわすのはなんともやっかいだ。こんな苦しい作業は誰も好きにならないような気もする。だが、その反面、言葉の奥行の広さも感じることだろう。ひとつの助詞の使い方、形容詞の置き方、言葉の入れ替えひとつで、感じ方や意味さえも違ってくるのだから。こうやって、小さな言葉をひとつひとつ置きながら文章を考える。言葉の世界の中で、実際のできごとを考える。事物そのものを書きあらわすことに集中することがとっても大切だ。文章の基本、いや文学の基本はそこにあるのではないかとさえ思う。

だが、頭の中で起こりうる、いろいろやっかいな思考や感情は具体的でないために、抽象的な言葉にしかならない。目に見えないもの、つまり形而上学というものだ。それらは、もともとうまく文章にはできない。だから手を変え品を変え、曖昧な言葉やむずかしい文章に変化してしまう。でもそれをうまく書く手立てもある。比喩だ。なにかをものにたとえて形を与えてやればいいのである。形があるものならば、理解できるように書くことが可能なはずだ。ただし、その比喩の使い方を誤るともっとわけのわからないものになってしまうことにもなる。

だんだん、小説の話からずれてきてしまった。「華燭の日」に話をもどすことにしよう。

（こうして、床を並べて眠るのも今夜ぎりだ）

ふいとそういう感慨が緒方に湧《わ》き上った。センチメンタルだ、と思いながらも、その感慨を圧《お》しつぶす気にはならなかった。

「初枝ちゃん」と緒方は幼時から呼び慣れた云い方をした。「いよいよ、さようならだな」

初枝が、うん、というふうにうなずいて、緒方を見、微笑したが、それが急に泣顔に変った。両方の眼に、見る見る涙が溜り、直ぐ鼻のわきを流れ落ちた。

式の前日、父と娘と二人きりの場面を書き写してみた。かなり、ありきたりな場面だが、ぼくは嫌いではない。どんな父と娘であれ、普通に育てて普通に嫁いでいったのであれば、この感慨にぶつかるのは当たりまえだ。むろん、センチメンタルであり、ベタであり、手垢にまみれた情景なのである。だが、そんなことは百も承知だ。それを承知で読んでいても、ぼくはこうやって書かれたものに、普遍的な美しさを感じる。なぜだろうか？　ぼくが古臭い人間なのだろうか？　モダニズムもいいのだけれど、このアナクロニズム的背景にどっぷりと浸っていたい感じがする。時代遅れの人間かもしれないけれど。

新しさって、何だろうか？ 常に新しいものは要求される。それは当然だろう。それでなければ進歩も何もない。だが、本当に新しいものなどは、そうそう生みだせるものでもない。それならば逆に、もっと自分の中に入ることが必要ではないだろうか。いかに、自分を摑まえるかということ。ただそれしかないような気がする。自分というものは自分しかいない。まったく同じ人間はいない。だからその自分を見つけることこそが、一番新しいのではないか。新しさに目が奪われて、人のまねをしたってだめだ。詩でいえば、たとえば、行を斜めにずらして書いてみたとしても、新しいことをしたことにはならない。今、現在の詩は、なんだかそういうところで苦しんでいるみたいだ。

尾崎の小説を読んでいると、あるひとつの意気込みを感じる。尾崎一雄に意気込み？ そんな読み方があるかと笑われそうだが、ものすごい気概があるのだ。それは、自分には自分のことしか書けない、だから自分だけを書いていく、ということ。実直一本槍。どれをとっても丸ごと私事。そこが読んでいて清々しいのである。

「華燭の日」は娘を嫁にやる話。ありきたりな話だが、他にこのような小説があったかな？ 話には聞くから、知ったふうな気持ちになるだけで、尾崎はいち早く、このような小説を書いた先駆者だったのかもしれない。そう考えると尾崎一雄は新しい。
場面は違うが、なぜだか、ぼくは息子の成長した姿を見た時、この小説をふと思いだしていたのである。

尾崎一雄（おざき・かずお）一八九九—一九八三。小説家。三重県生まれ。郷里は神奈川県小田原市。志賀直哉に師事。自然体で気骨のある作風を貫いた。三七年、「暢気眼鏡」で芥川賞受賞。代表作に「擬態」「虫のいろいろ」「まぼろしの記」など。

短編小説は雰囲気が勝負

長谷川四郎「シルカ」

人の記憶などというものは非常に曖昧なものだ。今さらそんなことをいうのもおかしいくらいに。きょうの朝食のメニューを思いだそうとして、サッといえる人のほうがめずらしいのではないだろうか。固有名詞などは、なおさらでてこない。一度読んだことのある小説を、二度も読み返してしまうことだってあるだろう。途中で気がつけばいいのだが、終わりになって、「ああ、この本読んだことがある」というのもなんだか悲しい話だ。

ただ、ぼくの場合、あらすじはすっかり忘れてしまっているが、雰囲気だけはドカッと心の真ん中に居座って絶対忘れない、というものが何編かある。

今回紹介する、「シルカ」という小説はその典型かもしれない。長谷川四郎は『シベリヤ物語』(「シルカ」はそのなかの一編。今回、ぼくは『現代短編名作選4』講談社文庫から）や、『鶴』といった作品集もあるが、未読だ。つまりは、長谷川四郎の作品を多く読んでいるわけでもないから、この小説がいいのか悪いのかは判断できない。ぼくが一人でかってに偏愛しているにすぎないのだ。

シベリア抑留で、強制労働という過激な運命のもと、その経験を書いている。「シルカ」というのは町の名前だ。

ぼくらはシルカという町に七日ほど住んでいた。ぼくらは俘虜だったから天皇へいかみたいに護衛兵どもにつきそわれていた。ところで、シルカという町の名前は同じシルカという河の名前からきたものだが、しかし、この河の岸に立っているのではなかった。河からだいぶはなれていた。

こんな書きだしではじまる。つまりは、キャベツの積み込みのための労働に従事させられるわけだが、そこの護衛兵である、アリンベートフとサビトフという二人の兵士の対比がおもしろい。アリンベートフは神経質で気まじめで、小さいことにうるさい。サビトフはうるさくもなく、兵隊たちの任務も自主的なものに任せている。しかし、奇妙な実行力があるのだ。コルホーズの野菜班長の女性、マーリャ・ゾロトゥヒナという女性についての場面もいい。彼女を描写するところもおもしろい。

寒さと飢え、そして、真夜中にもたたき起こされて働かされるという極貧の環境。護衛兵二人の気持ちの動き、女性野菜班長の、たくましい性格。異国のコルホーズでの一軒の小屋。そこに住む老婆とのやり取り。そんなことがただずらずらと書き流されていく。おそらくこの小説は、つまり何も語っていない。何もいおうとしていない。体験をそのまま書いたような、ルポにも近い感じがするくらいだ。読んでいて、なんだか変な小説だな、と思う人もいるのではないかな。

ぼくは最近、文学についての考え方が変わってきた。それは年のせいなのか、または性格がひねくれてきたのかもしれないが。詩も小説もつまるところ、メッセージはまったく必要ないのではないかということだ。極端にいえばストーリーがなくてもいい。誰かが何かをいいたくて、その気持ちを言葉に託すという投げかけ方は、まったく意味が伝わらないのではないだろうか。まったく意味が伝わらない、という言葉に語弊があるなら、意味を伝えたいのなら意味を書くな、といってもいい。そのほうが読み手の心を完全にとらえることができるのだ。言葉がもつ不思議な魔力のようなもの、文章全体から滲みでる、豊潤なイメージ。どこからかその不思議な感触が浮きでてくるような作品を書け、ということだ。自分の考えや意見をはっきりという、それは悪いことではない。しかし、ただそれだけなら、スローガンでいいし、そのような形にはまった文章で書けばいいのだ。でも文学はスローガンや箴言などではない。どこかで匂い立つような、雰囲気を持つ言葉を記さなければそれは文学じゃない。

詩が好きで、ずっと読み、そして書き続けてきた。学生時代は、ぽつぽつと萩原朔太郎や宮沢賢治、中原中也などを読んでいた。だが、就職をして二年目、現代詩の洗礼を受けた。詩の好きな職場の先輩から、思潮社の「現代詩文庫」を一冊いただいたのだ。それは『菅原克己詩集』だった。ぼくの現代詩はそこからはじまった。「現代詩文庫」シリーズを次から次へと読んでいった。古い概念をすべて捨て去り、新しい詩に挑戦していった荒地の詩人。反骨精神たくましい列島の詩人。読むものがすべてぼくには新しかった。現代詩は、ひとつの台風の通過のようにぼくを巻き込み、一種独特な雰囲気をまとっていて、ぼくはその中に飲み込まれていったのだ。

小説も好きで、これも読み続けてきた。小説といえば長編小説を読むものだとばかり思いこみ、十代から二十代前半はずっと長い小説を読んできた。悪いことだとは思ってもいないし、マイナスだったとも思わない。ただ、短編作家、阿部昭の小説に出合って以来、短編小説が中心になってしまった。長編は、おいそれと読み返すことができないが、物語の中に没頭できる。短編は意外性のある鮮やかさがあるし、不思議な雰囲気を持ったものもたくさんある。すぐに読み切れるのもいい。だからというのではないが、小説のもうひとつの意義は短編小説にあり、といおう。

この文章の最初では、もっともらしくストーリーや人物のことも書いたが、それより大切なことがある。それは、ひとつの小説を覆いつくす雰囲気だ。短い文章では、本当にささやかな事柄しか書かれない。だがそれが、生きていくうえで重要な意味を持つことになることもある。小説「シルカ」には、確かな、印象深い雰囲気が残った。

長谷川四郎の文章をもう少し読んでみたい気がする。そしてこの「シルカ」の位置を確かめたい。ちなみに長谷川四郎はアルセーニエフ著『デルスウ・ウザーラ』（東洋文庫）という本の翻訳者であり、どういうわけかぼくはそれを読んでいる。

長谷川四郎（はせがわ・しろう）　一九〇九―八七。小説家、翻訳家。函館生まれ。戦後五年間、シベリアに抑留された。その抑留体験をもとに「シベリヤ物語」「鶴」「赤い岩」などを発表。主な作品に「無名氏の手記」「ベルリン物語」など。翻訳書に『デルスウ・ウザーラ』（アルセーニエフ）『パスキエ家の記録』（デュアメル）ほか。

ユーモア感覚を知ろう！

安岡章太郎「ガラスの靴」

安岡章太郎の処女作品、「ガラスの靴」について書く。読んだのは、新潮文庫『質屋の女房』からだ。じつはこの本、早稲田の古本屋の軒先で、三十円で売られていたものだった。表紙のカバーもきれいだし、なかもちょっと茶色いがほとんど読まれてなさそうだったので、迷わず買った。店の奥にいる店主らしき男に持っていくと、十円でもいいよ、という。でも、三十円ちょうどあったので、手渡そうとすると、カウンター前にある小さな箱に入れておいてくれという。なんだか、腑に落ちなかったがいわれた通り箱にお金を入れて、得した気分になったのである。

さて、この本の最初の小説は「ガラスの靴」。安岡章太郎の処女作品で、芥川賞の候補になった作品である。安岡章太郎は大好きとまではいわないが、それでも、『走れトマホーク』（集英社文庫）、『海辺の光景』（新潮文庫）の二冊を読んでいて、自分の中ではどこかで気になる作家だった。それが、この作品でガツンとやられた感じがした。インターネットでこの作品を調べてみると、やっぱり好きな人は読んでいて、それなりの書評も見受けられた。

ぼくはこの作品のおもしろさの根本はユーモアだと思う。お道化ている女性に恋をし、翻弄される男。若い時代のやるせない気持ちの動きがよくわかる小説である。

銃砲店で夜勤の店番をする「僕」は、ある日、米軍中佐の家に散弾を届けに行かされる。その家の主人は長期に出かけており、メードが一人いるばかり。そのメードはいう。

「あなた、ヒグラシの鳥って、見たことある？」

この悦子というメードの、突飛な発言と行動によって、「僕」の感情は大いに揺らぎはじめる。そして、いつしか、悦子を本気で愛しはじめるようになっていくのだが。結末を書いてしまえば、結局は悦子に翻弄され、裏切られることになる。

青春の淡い原型と虚しさとを、夏という季節を背景に鮮烈に描きだした！　なんて、ぼくはいいません。この小説は安岡章太郎の味、つまり滑稽さ、道化がとってもよく効いている。たぶん今までの小説にはなかったユーモアだというべきだろう。もちろんそれは、さきほどの「ヒグラシの鳥」のように、悦子という女性のもつ、荒唐無稽な行動や言動に如実になってあらわれている。

「カエルがいっぱい飛んで来て、眠れないの。」悦子は電話をかけてくる。悦子は「カシの扉をばたんばたん云わせて」クルミを割る。汗びっしょりになって、クルミを割る。悦子は作りつけの椅子で、汽車に乗るマネをしながら、「おベントウもってかなきゃア」と菓子をもってくる。悦子はパイをはしゃぎながら食べる。「舌をチョロッと出してパイの皮からこぼれそうになっているジェロを舐めた。」「僕は、ものを考えている暇はなかった。顔じゅうジェロだらけになって、僕らは接吻した。」

引用(「 」の部分)をはさみながら、悦子の滑稽さを拾いだしてみた。話の中心が悦子の魔性とも呼ぶべき道化なのだ。男はこのように遊ばれたら、その女性の無邪気さにイチコロなのではないか。ぼくはこんなに笑いを誘いながら、人の心理を探り、男性、つまり「僕」の感情が徐々に変化していくさまを描ける手法に感嘆した。これはうまい! としかいいようがない、と思った。この小説の最初のほう、悦子の笑みをあらわしたところにこんな文章がある。

彼女は僕をみて、テレたような、だまってオナラした人がするような笑いをうかべた。僕は彼女を羊に似ていると思った。

オナラした人がするような、とはまたうまく書いたものだ。それから羊に似ているという表現、ぼくは素直に読みながら笑ったのだ。こんな書き方は当時の小説家はだれもしなかったに違いない。従来の小説にはたぶんなかったはずだ。みんなお堅い人たちばかりだったろうから。だから安岡章太郎の出現は新しかった。

新しい、とは何だろうか？　詩の新しさは言葉の新しさ、でもある。詩を書く者として、こんなぼくでも常に新しい詩を書きたい、新しい言葉を生みだしたいと思っている。新しい言葉は柔軟な思考からやってくる。日本の文学に決定的に抜け落ちているのが、この柔軟な思考、つまりユーモアの感覚ではないだろうか？　もちろんユーモアを表にだして、すばらしい詩や小説を書いている人もいる。また、多くの人がユーモアのすばらしさを知っているのだが、日本人は真面目で勤勉な人種すぎるのかもしれない。どこかにその感覚を忘れてきているような気がするのはぼくだけだろうか。また、新しい言葉は考えたって生まれてはこない。自分のなかの、本当を見つめて、その自分、つまり人間を書けばいい。同じ自分は二人といない。だから、自分を突き詰めて書くということは、自ずと新しいものになるわけだ。

安岡章太郎の道化は、ひねって作り上げたものではない。もともと持ち合わせたもの。頭で考えた文章ではない。もちろん小説としてのプロットや、テクニックは習得したものであろうが、文学は技術だけではない。安岡章太郎は、きっちり自分の役割を認識しただけなのだ。それも、処女作から。そう、その後の仕事をみてもそれは一目瞭然のようだ。ユーモア感覚を持ち、それが社会批評までにもなり、最後には独自の文学を作りだしていく。安岡章太郎は、すばらしい小説家だ。

ぼくはこの新潮文庫『質屋の女房』の最初の小説「ガラスの靴」を読んでほんと、得をした、と思った。なにせ、三十円だし。だが、しかし、次の短編に移ろうとした時だった。ページが飛んでいるのに気がついたのだ。なんと、五十ページ程スッパリと切り取られていた！　二編そっくりなくなっていたのだ！

ああ、だから十円でもいいといったのかな、あの古本屋の店主！

安岡章太郎（やすおか・しょうたろう）　一九二〇―二〇一三。小説家。高知県生まれ。五三年、「陰気な愉しみ」「悪い仲間」で芥川賞受賞。小島信夫、吉行淳之介らとともに、「第三の新人」と呼ばれる。主な作品に「海辺の光景」「幕が下りてから」「流離譚」「果てもない道中記」ほか。

心の支えになる、ぺすとる

三浦哲郎「拳銃」

心の支え、という言葉がある。そこでちょっと考えた。それは、気持ちのよりどころ？それとも、心を立たせておくためのつっかえ棒のようなもの？　とにかく、「心の支え」は、人にはそれぞれ必要なものなのではないかと思う。

二〇一一年三月十一日の東日本大震災では、多くの方々が亡くなり、また被害を受けた人たちが、心の支えをなくした。心からお見舞いを申し上げたい。本当の意味で、震災のための震災に関する詩や小説を書くのには、時間がかかるはずだ。ぼくはぼくのことしか書けない。震災復興を心に、そう念じて詩を書くわけだが、その詩がぼくの中から、普遍的なものへと動けばうれしい。

さて、三浦哲郎の小説、「拳銃」だ。ふと思いだし、読み返してみたくなった。この小説、かなり昔に読んだはずなのだが、今でもよく覚えていた。そこで、「心の支え」がでてきたというわけ。初出は「群像」(昭和五十年一月)で、翌年九月に、『拳銃と十五の短篇』と題され、講談社から単行本として刊行されている。ぼくは『白夜を旅する人々』という長編を読んだすぐ後に読んだ記憶があるので、昭和五十六年頃のことなのだろうか?

三浦哲郎さんは東北の出身、二〇一〇年、七十九歳で他界された。

郷里へ帰った男が、八十三歳になる母親から「あれ」を処分しておいたほうがいいといわれる。あれとは、父親が形見に残していった「拳銃」のことだった。母親は「父さんのぺすとる」という。ぺすとると五十発の実弾は、少し錆びがでているが、一発も撃った形跡もなく残されていたのだ。なぜ父親は、拳銃と実弾を隠し持っていたのかと思う。だが、息子は父親の心情のすべてを、なんとなくわかっていたのだ。

なぜだか、拳銃という言葉には、ぼくにとって懐かしい響きがある。中学生のころ、友人から安くモデルガンを譲り受けた。親には内緒で。西部劇にでてくるような、リボルバー(回転式)のコルト。ずっしりと重く、これは本物のようだ! とドキドキした。癇癪玉を買ってきて弾倉につめ、引き金を引くと、パンと破裂する。火薬の匂いがなんともたまらない。そしてとんでもなく悪いことをしているように思え、かってに自己嫌悪に陥ったりしていたのだ。

話が横道にそれてしまいそうなので元に戻すが、三浦哲郎という作家はやはりうまいのだ。細部がしっかりと書けている。さりげない部分で、記憶に残るような書き方をしている。この「拳銃」でいえば、年とった母親に拳銃のことを「ピストル」ではなく「ぺすとる」といわせることや、冒頭の、肩にずっしりとのしかかる漬物石の話、最後のほうで、大きくなった息子をたしなめるくだりなど、ユーモアも交えて巧みである。文章も潔癖で、無駄がない。たぶん、私小説の部類に入れられてしまうのだろうが、なんとなく人情味や、また死生観にも卓越したところがある。

さて、詩を書きだしてから、一度は書いてみたいモチーフがこの拳銃だった。だが、すでに先行して書かれていた詩があったのだ。それは辻征夫の「拳銃」という詩だ。『天使・蝶・白い雲などいくつかの瞑想』(書肆山田刊、一九八七年)の巻頭に収録されている。厚い板でつくった手作りの拳銃。自転車チューブの金具を取り付け、紙火薬と綿を使い、空気銃の弾丸を発射させる仕掛けらしい。それを実際に、塀に打ってみると、なんと爆音とともに塀に穴が開くほどの威力で、音を聞きつけた塀の持ち主に怒鳴られるという内容の詩である。詩の中の言葉を借りれば「ひとり武装して生きるものの滑稽と悲哀が」

語られている詩なのだ。

これを読んだ時には、正直、負けたと感じたものだ。いいえ、詩は勝ち負けではないが、ここまで、完璧に書かれてしまうと、ぼくにはもう「拳銃」を書く意味が無くなってしまった。

それだけ、この、人間を一瞬にして殺せる道具は、心底美しく、男たちを（女たちもか？）魅了してやまないのだ。そして、いい方を変えれば「ぺすとる」は人の、つまり自分の生死をも、コントロールできる道具だ。この小説の最後のほうにはこんな個所があるので引用してみる。

金庫の底から出てきた形見の拳銃を目にした途端に、父親のすべてがわかったような気がしたのであった。

この拳銃こそが、父親の支えだったのではあるまいか。その気になりさえすれば、いつだって死ねる。確実に死ぬための道具がある──そういう思いが、父親をこの齢まで生き延びさせたのではあるまいか。

心の支え、今ぼくは、ずしりと思い拳銃を一丁、持っていたいなと思う。弾丸は飛びださなくてもいいが、それがあることによって、いつでも死ぬ覚悟ができ、なおかつ、それによって死ぬほど頑張れる、生きていくことができる、そんな心の支えになる「拳銃」が。

三浦哲郎（みうら・てつお）　一九三一―二〇一〇。小説家。青森県八戸市生まれ。六一年、「忍ぶ川」で芥川賞受賞。端正な文体で自伝的な作品を多く描き、作品に「結婚」「笹舟日記」「白夜を旅する人々」ほか。随筆集に『下駄の音』『一尾の鮎』など。

地味で、目立ちはしないけど

阿部昭「自転車」

いろいろな小説を紹介してきたが、ぼくがどうしても若い人たちに読んでもらいたい作家は阿部昭だ。平成元年（一九八九）に五十四歳という若さで亡くなった。短編の名手と呼ばれ、たびたび芥川賞の候補になった。

阿部の作品からはいろいろなことを教わった。と、今、こうやって書いてみて、さて、何を教わったかと考えた。講演を聴いたが、具体的に文章作法を教わったわけではない。面識は二度ほどあったが、酒を酌み交わしたこともなければ、長時間話し込んだこともない。年齢も、父親だといってもおかしくないほど年上だ。つまり世代も違う。それに第一、阿部は小説家で、ぼくは詩が好きなだけの、ただのおじさん。うーん、ぼくは何を教わったのか。

ている小説だ。

「自転車」という短編がある。『無縁の生活』(講談社刊)と題された短編集の最初に載っている小説だ。

幼い子どもを持つ「私」は、粗大ゴミの山の中に子ども用の自転車がないかどうか物色する。まだ使えそうなものまでも捨てにくる人たちに、「私」は人間の業を感じ、それを物色している自分に、どこかで恥を感じている。やがて、新品同様の子ども用自転車を発見するが、それを持って帰るのは夜にしようと思う。家族にそのことを話すと、子どもや妻までも乗り気になり、その夜、家族総出で粗大ゴミあさりにでかけていく。そこにはあさましさを省みない家族、いや、人間の姿があり、「私」は恥ずかしさのあまり、思わず「やめろ!」と叫ぶ。そして自分の心の矛盾に気づいていく。

たわいもない話だ。単純きわまりない。小説としては斬新なところもないし、誰しも経験したことがあることばかりで、展開がないようだ。ちょっと読んだだけではおもしろくもない内容だが、ぼくはこの小説が大好き。偏愛しているといってもいい。単純でたわいもない話だからこそかもしれない。主人公の「私」は、まるでぼく自身であるかのようだ。阿部は、文学に必要なものは、壮大なるステージなんかじゃないと思っていた。心の中をうまく書きあらわすことなど、誰だってできやしない、と思っていたのだ。

では、いったい文学とは、言葉で書きあらわすとは、どういうことなのかということになる。

私にとって、書くということは、真っ暗な古井戸の中をのぞくように自分の中をのぞきこんで、その闇に沈んでいるものを引っぱり上げるというような観念的な操作ではなく、まずは目の前にあるものに形をあたえることでその「自分」とやらを外に連れ出し、よろこばせてやることだからである。

これは『散文の基本』（福武書店刊）の中の「書くということ」という文章からの抜粋だが、かくも明晰にいい放っている。

「まずは目の前にあるものに形をあたえること」すなわちこれが大前提なのだ。基本なのだ。文学に関することはすべてここからはじまるのではないか？　その昔、詩の勉強会や合評会などと称して、詩のリズムとか、メタファーとか、行替えとか、いろんなことを議論したが、そんなことは二の次で、まずは書くという行為についての、きちんとした認識を持たなければならなかったのだ。ぼくが詩を書きだした八〇年代、阿部の文学にのめり込んでいったのは、その明晰な文章、イメージが浮かぶ流れる文体だった。小説の中の、詩の匂いみたいなものをつねに感じていたのだ。

ところで、阿部は芥川賞の候補に数度あがっていたが、いずれも落選している。次にはもっといいものが書けるだろうからそれに期待する、というような落選理由だったらしい。本人はやはりほしかっただろうと思われる芥川賞だが。さて、いいものって何なのだろう？　人の価値観で変わるものに、いいも悪いもない。衝撃的な内容、話題性、新機軸をもったものだけが「いい文学」だとしたら大間違いだ。もちろんそれらも重要な要素だが、何事も起こらない、それでも人が納得する文学も存在するのだ。それもまた文学なのだ。そういう作品は地味で目立たない。静かであったり、単純であったり、動かなかったりするが、不思議にそれが魅力となり読むものの気持ちをとらえる、ということがある。しいていえば「自転車」という作品は、そんな魅力がある小説といえるだろう。

笑われるのを承知の上で書くが、ぼくは大江健三郎の小説がわからない。むずかしくて、読んでいて嫌になる。ノーベル文学賞までとった作家だから、その内容は深いのだろう。でもぼくには、「真っ暗な古井戸の中をのぞくように自分の中をのぞきこんで、その闇に沈んでいるものを引っぱり上げるというような観念的な操作」を一生懸命にしているとしか思えない。
阿部は大学の卒業面接の時、大江健三郎と同席だったという。大江健三郎はその時新進作家であり、横目で見ていた阿部は、まったくの無名。多分、その時の阿部はこう思っていたのではないだろうか。「君とぼくとは、そんなにかわりはないのだ」と。それも胸を張って。そう、ぼくは阿部昭から、文学を志す人間の、基本を教わったのだと思っている。

阿部昭（あべ・あきら）一九三四―八九。小説家。広島市生まれ。三五年から神奈川県藤沢市に育つ。七三年、「千年」で毎日出版文化賞、七六年、「人生の一日」で芸術選奨新人賞を受賞。生涯を暮らした湘南地方を舞台にした作品が多く、短編小説の名手として知られる。小説集『未成年』『司令の休暇』、評論集『短編小説礼讃』ほか。

力の抜けた味わい深い文章

阿部昭「水にうつる雲」

自宅から早足で歩いて三十分すると、相模川にでられる。ぼくのウォーキングコースだ。三段の滝下から一気に公園の階段を上ると、丹沢山系が見渡せる。県道を越えると、相模線の下溝駅もすぐ近くだ。県道沿いには八景の棚といわれる名所もある。ローカルな話をしたが、ぼくは生まれ育った相模原が好きだ。

さて、この場所を小説の舞台にしたのが、阿部昭の「水にうつる雲」という作品だ。阿部の小説の中でも、知られているものではないし、突出した内容、表現があるわけでもない。どちらかというと、その逆で、限りなくエッセイに近く、また小説ということをまるっきり意識していないのではないかと思わせるような作品で、読む人によっては、これは小説ではない、というだろう。またある人は、くだらない実生活をのんべんだらりと書いただけの駄作、といいのけるかもしれない。

だが、ぼくは今になってこの作品を、超一級の作品ではないかと思いなおしている。ウォーキングで相模川にでるたびに「ああ、阿部さんはこの場所にきたんだなあ。」と思う。もちろん、小説の中に相模川がでてくるからだけではない。ぼくが好きなのにはやはり理由がある。

五十を過ぎた中年の男。住んでいる家の地盤が緩んでいて、なぜか家が傾いているのではないかという不安に襲われている。そんな不安を抱えているせいか、妻とのいさかいも絶えない。自分の生活の拠点を一階から二階に移すが、そんなことをしても根本的にはなにも変わらない。十年前は、もうちょっと元気だった自分を振り返る。その頃にはいろいろと気づいたこともあった。しかし今では空に浮かんでいる雲でさえ、それは水たまりに映っていた雲であったのではないかと思っている。下ばかり向いて生きていた自分がそこにいた。男は、ある晴れた日にローカル線に一人で乗りこむ。ふらりと駅を降り、素朴な川の流れを見る。男は自分の死後、何年もしたあと、この場所には自分の痕跡は何もないのだということを、そんな当たりまえのことを考えてみる。

人生に疲れた中年の男のプチ家出のお話、とまあ、そんなふうに読めないこともない。

では、なぜ、ぼくにとってこれほどまでに好きな小説になったのだろうか。そのひとつには小説らしくない小説、ということがある。

いろんなものを読んできたが、近ごろは小説らしい小説が嫌いだし、詩らしい詩が嫌いだ。すんなりと読めるものを好む。さらりと書いてあるものがいい。気取らず、肩肘張らず、自然体であって、それで深いものがあるという、そんな言葉が好きだ。だからといって、日常をべたべたと書いてあるものがいいのかというと、そういうものでもない。ちょっとわかりづらいかもしれないが、その作者や詩人のもっともシンプルな形が読みたい。

阿部の晩年の作品には、どれもゆるやかで味わい深いものがある。この「水にうつる雲」はそんな力の抜けた、しなやかな文章の最たるものではないだろうか。

もうひとつは場面だ。阿部の書くものはけっして驚いた場面ではない。むしろその逆で、なに事もおこらない場面を書く。しかし、人生には必要な部分なのだ。いいや、それこそが真実の人生なのだ。変哲もない人生での一コマ。それをさらりと平然と書く。本人自身、そのことが、自分の人生でどれだけ大切な時なのか、わからないほどの時間。それをポンと拾いだして書く。小説といいながら、それはまるで、詩の一編のようだ。

ぼく自身が書くものも、常にそういう場面を書きたいと思ってやってきた。でも、それはたやすいものではない。

私は、川の流れを見つめ、対岸の松並木に目を移し、それからまた、後ろの男女の語らいを想像し、すぐそこにいる親子づれのことを考えた。彼らの家庭のこと、いまごろ勤め先にいるだろう父親のことを考えた。私にも、たしかにこんな一刻があった。二十年前にか、三十年前にか。それはまったく一瞬のことだったとしか思えないが。と、次の瞬間には、さらに三十年か四十年が過ぎていた。自分という存在はかき消えていた。

後半部分の、河原に降り立ったところからの引用だ。広い河原の中で、たった二組しかいない人たちの一瞬のことがらを想像しながら、時間を隔て、永遠を見ているかのような言葉。

ぼくが最初にこれを読んだのは、三十歳ぐらいの時だ。はっきりいってこの作品はそんなに感慨深いものでもなかった。阿部が相模川を訪れた、ということばかりが印象に残っていた。だが、今、こうして五十代になって読み返してみると、不思議なことに、この小説の中の男の、不安、倦怠、卓越した思想、死への想いなどがよくわかる。それはある意味、今のぼくが詩で書きたいことばかりなのだ。

阿部がこの小説を書いたのは五十二歳。今のぼくはその年齢を超えた。やっと彼の小説が本当にわかる年になったのかもしれない。阿部昭は平成元年（一九八九）五月に、五十四歳と八カ月という若さでこの世を去っている。

男のはかないつぶやきだ!

野呂邦暢「鳥たちの河口」

小説家、阿部昭が好きだったため、短編小説を読みはじめた。その影響か、かなり若い時に野呂邦暢の『草のつるぎ』も読んでいる。はっきりいって、あまりおもしろいとは思わなかった、という記憶がある。だが、最近、詩人の井川博年さんが野呂を絶賛していて、ふたたびこの作家に手をだしてみた。それが『鳥たちの河口』という小説だ。

『草のつるぎ』という小説は、著者である野呂邦暢が勤めていた自衛隊時代のことを中心に書かれていたためか、その真意を読めなかったのかもしれない。人間、年を重ねると思考の幅も広がるのか、または柔軟になるのか、いえ、きっといろいろな経験の積み重ねが人間自体を大きく変化させていくものなのだろう。ぼくもたぶん成長したのだ。だから野呂の作品が、俄然わかるようになったのかもしれない。『鳥たちの河口』を読んでいたら、なんだか、胸が締めつけられるような気分になった。

主人公は失業中のカメラマン。河口の湿地帯に集まる様々な鳥たちを観察する。そして、千ミリの望遠レンズを取りだし三脚に据える。干潟の夜明けには鳥たちが舞う。ある時、不思議な鳥を発見する。世界的にも珍しい、いるはずのない鳥が飛来してきたのだ。重油にまみれた瀕死の鳥も見つける。ひとつの異変のようなものがこの河口でおこっているのではないか、と男は感じる。この主人公の妻は大病をしている。河口全体のこの干潟も工業団地にしようという案が持ちあがっている。男が失業したのも、組合交渉の末の偶然の事故からだった。

まず注目したいのは、話の入り方だ。


男はうつむいて歩いた。

空は暗い。


最初、でだしの二行。まるで詩の書きだしのようだ。そして数行の後、次のように続く。

星のない空をいただいて枯葦の原は一様に色彩をうしない、黒い棘のかたちでひろがっている。丘のいただきにたどりついたとき、視界がひらけた。風が吹いてくる。海からの微風である。男は深呼吸をした。風は干潟の泥を匂わせた。

海には朝の兆しがあった。

簡潔で的確だ。散文詩のようでもある。それから、男が葦原を進んで行く描写になり、双眼鏡やカメラを覗く視点で、干潟の様子が語られていく。この一連の描き方がうつくしい。研ぎ澄まされた文章という感じがする。

この男がどういう事情でこんなことをしているのか、わからないのがいい。なんとなく男のイメージが、寡黙であり、どこか負い目を持つ、孤独で疲れた中年という感じが漂っているのだ。この男は人生の後半に入ってもう一度、自分自身を見直してみる機会を自ら作ったように思えた。

また、主人公の男の感情が書かれていない。いや、行動はもちろん書かれている。傷ついた鳥を介抱したり、妻の病状を案じてみたりもする。ハゲワシと格闘する場面さえある。ただ、どの場面でも、どこかに静けさを感じるのだ。それゆえ、男の感情がはっきりと伝わってくるような気がするのはなぜだろうか。

心の中の感情を直接に持ちこまず、行動だけで表現している。また無味であり、平淡であるがゆえに、何か深い感情を読む者に与えている。先ほどは、散文詩のようだと書いたが、それは美文調のものではなく、なんでもない、ありふれた感覚で書かれた言葉、文章なのに、どこかに奥深さを感じるからだ。野呂の文章はそういう文章である。この小説は、ある意味で現代の不安と焦燥をあらわしているのかもしれないが、ぼくの読み方は違う。これは男のはかないつぶやきの小説なのだ。

ぼくは、詩はもとより、児童文学からファンタジー、ミステリーから怪奇小説などを読んできたが、やはり好みの小説は、私小説。今はもうあまり好まれなくなったジャンルかもしれないが、今まで書いてきた短編小説紹介のラインナップをみると、やはりそうだろう。偏見いっぱいの自分の読書だが、読んでおもしろいものがよく、それにはもっと視野を広くして……いいや、そんな優等生なことはいわない。ぼくは偏見に満ちた、自分の読書を貫く。だからといって、すべてを毛嫌いにはしないつもりだ。つまり何がいいたいのかというと、野呂のような作家を探していきたい。小さいけれども、確実に声を発している作家。それも本物の声を。ぼくがここで紹介しても、有名作家になったりはしない。だが、ぼくは文学というものは、その小さな声が、すべてなのだと確信している。人々の生活のなかで確実に発せられている、小さな声。それを言葉ですくい取る、作家、詩人。ぼくはそれこそが本当の文学であると確信している。

考えてみれば、人間の存在なんて、ちっぽけなものだ。それに人は必ず死を迎える。この世からいなくなってしまうのだ。いなくなってしまえば、自分なんて存在は何ほどのものでもない。自分がいなくても、世の中はぐるぐる回っていくし、人々の生活が劇的に変化するわけがない。それに死んでから、有名になろうなんて気持ちもさらさらない。ましてや、生きている間でさえ有名になんぞなりたいとも思わない。若い時には、少し世間に名前が知られるようになってみたい、などという情けない野望もあったが、今はそんなものは何の役にも立たないことがはっきりとわかった。だから今はそんな欲望は持っていない。ただ、生きている時ぐらいは真剣に、まじめに生活し、真実を追い求めたいと願うばかりだ。そう、本物をつねに求めて生きたいと考えている。できればぼくは文学というものに寄り添って、その真実、本物を探していきたい。その手段がぼくにとっては詩である。

阿部昭や野呂邦暢という作家はまさに本物である。そしてまだまだ、自分の人生に忠実で、努力をし、懸命に真実を追い求めている人たちがどこかに必ずいる。これからもぼくはそういう人間を探していきたいし、自分自身、そういう人になりたいと思っている。
そう、また野呂邦暢のような作家に巡り合えるように、本を読み続け、詩を書き続けていきたい。

野呂邦暢（のろ・くにのぶ）一九三七—八〇。小説家。長崎市生まれ。七四年、自らの自衛隊体験をもとにした「草のつるぎ」で芥川賞受賞。主な作品に「諫早菖蒲日記」「鳥たちの河口」「落城記」など。エッセイ集に『王国、そして地図』ほか。

あとがき

二十四歳から詩を書きはじめ、すでに三十五年が経ってしまった。その間、どうしたら一編の詩を書くことができるかということを常に考えてきた。

個人詩誌「独合点」（一九八九年創刊）を発行し、現在では一三〇号を超えている。ぼくはこの雑誌の中で、詩を書き散文を書いてきた。詩の一行と散文との違いを自分なりに理解したかったのだ。気がつけばかなりの量の文章がたまっていた。その文章は短編小説の紹介から、読書遍歴も含み、私なりの詩論、文学論にもつながった。

本書『短編小説をひらく喜び』は、この個人詩誌に掲載したものを集めたものであり、私の最初の散文集となる。

もともと、小説家、阿部昭の作品が好きだったこともあり、短編の魅力に取り憑かれたのかもしれない。自分好みの特異な短編小説を探したかったということもある。いろいろな作家の作品を読み、これはおもしろい、と感じたものだけを選んで書いてきた。公立図書館の司書として働き、来春定年を迎え館長として職を辞する時、改めて読書することへの大切さ、本をひらく喜びというものをわかっていただきたいと願う気持ちもある。

最初から順番にページをめくっていただいてもいいが、もとより、読み切りの文章なのでどこから読んでいただいてもかまわない。できれば、若い人に手に取っていただけたらうれしいが、本書は読み手を選ばない。多くの方々に読んでいただけることを望んでいる。

最後になったが、ぼくを支えてくれた家族、その他多くの友人、また図書館司書という職場を与えてくださった座間市、そして粘り強く出版の労をとってくださった「港の人」の上野勇治さんに感謝の言葉を贈りたい。どうもありがとうございました。

岩波新書に阿部昭の『短編小説礼讃』という名著があるが、それには遠く及ばない。ただ、本書によって短編の魅力、文学のおもしろさ、読書の喜びを少しでも感じていただけたなら、ぼくとしてはこの上もない幸福となるだろう。

平成三十年十二月二十一日

金井雄二

紹介した小説　掲載図書一覧

紹介した小説は、どのような本で読んだのかを記しておきます。これは著者所有の本であり、古書店で購入した文庫が大半です。現在では、入手不可能なものもあります。ただし、丹念に探せば古書店等で購入できるかもしれません。また、単行本や、最新の文庫本、個人全集、各文学全集などにも収録されているものもあり、図書館などにお問い合わせいただければ確実に読むことが可能でしょう。

著者（訳者）「小説名」『書名』出版社（文庫名等）　出版年月

中・高生の人たちに

コナン・ドイル（阿部知二）『シャーロック・ホームズの冒険』東京創元社（創元推理文庫）　一九七二年三月

レイ・ブラッドベリ（宇野利泰）「使者」『10月はたそがれの国』東京創元社（創元推理文庫）　一九八五年九月

島尾敏雄　「島の果て」『出発は遂に訪れず』新潮社（新潮文庫）　一九七三年九月

小川国夫　「貝の声」『アポロンの島』角川書店（角川文庫）　一九七五年四月

シャルル＝ルイ・フィリップ（淀野隆三）『小さき町にて』岩波書店（岩波文庫）　一九六七年七月

シャルル＝ルイ・フィリップ（淀野隆三）『ビュビュ・ド・モンパルナス』岩波書店（岩波文庫）　一九七二年七月

虚構の中の真実

江戸川乱歩「押絵と旅する男」『江戸川乱歩全集4　猟奇の果』講談社　一九六九年七月
内田百閒「蓋頭子」『冥途・旅順入城式』旺文社（旺文社文庫）　一九八一年五月
半村良「簞笥」『戦後短篇小説再発見10』講談社（講談社文芸文庫）　二〇〇二年四月
半村良「簞笥」『実験小説名作選』集英社（集英社文庫）　一九八〇年七月
石川淳「鷹」『紫苑物語』新潮社（新潮文庫）　一九八二年八月
藤枝静男「一家団欒」『戦後短篇小説再発見10』講談社（講談社文芸文庫）　二〇〇二年四月
藤枝静男「一家団欒」『実験小説名作選』集英社（集英社文庫）　一九八〇年七月
庄野英二「日光魚止小屋」『ファンタジー童話傑作選1』講談社（講談社文庫）　一九七二年二月
庄野英二「日光魚止小屋」『ユングフラウの月』創文社　一九七〇年六月

アメリカにもある私小説

バーナード・マラマッド（加島祥造）「借金」『マラマッド短編集』新潮社（新潮文庫）　一九七三年一月
ウイリアム・サローヤン（古沢安二郎）「兄の頭の中にある考え」『サローヤン短篇集』新潮社（新潮文庫）　一九八二年十月

ウィリアム・メルヴィン・ケリー（浜本武雄）「ぼくのために泣け」『ぼくのために泣け』
集英社（集英社文庫）　一九七七年五月
チャールズ・ブコウスキー（青野聰）「町でいちばんの美女」『町でいちばんの美女』
新潮社（新潮文庫）　一九九八年六月
シャーウッド・アンダスン（橋本福夫）「卵」『アンダスン短編集』新潮社（新潮文庫）
一九八九年十月
ヘレーン・ハンフ（江藤淳）『チャリング・クロス街84番地』中央公論社（中公文庫）
一九九二年十二月
レイモンド・カーヴァー（村上春樹）「出かけるって女たちに言ってくるよ」
『ぼくが電話をかけている場所』中央公論社（中公文庫）　一九八六年一月
レイモンド・カーヴァー（村上春樹）『必要になったら電話をかけて』中央公論社
（村上春樹翻訳ライブラリー）　二〇〇八年七月

とっておきの短編小説

芥川龍之介　「蜜柑」『蜘蛛の糸・杜子春』新潮社（新潮文庫）　一九七〇年二月
志賀直哉　「剃刀」『清兵衛と瓢箪・網走まで』新潮社（新潮文庫）　一九九九年九月
梶井基次郎　「檸檬」『梶井基次郎全集　第一巻』筑摩書房　一九七五年八月

永井龍男　「青梅雨」『青梅雨』新潮社（新潮文庫）　一九八四年六月
三島由紀夫　「雨のなかの噴水」『戦後短篇小説再発見1』講談社（講談社文芸文庫）二〇〇二年五月
井伏鱒二　「グダリ沼」『川釣り』岩波書店（岩波文庫）　一九九三年四月

すばらしきかな短編小説

牧野信一　「繰舟で往く家」『短篇礼讃　忘れかけた名品』筑摩書房（ちくま文庫）二〇〇六年七月
山川方夫　「煙突」『愛のごとく』新潮社（新潮文庫）　一九七四年七月
尾崎一雄　「華燭の日」『暢気眼鏡』新潮社（新潮文庫）　一九九四年三月
長谷川四郎　「シルカ」『現代短編名作選4』講談社（講談社文庫）　一九七九年十二月
長谷川四郎　「シルカ」『シベリヤ物語』旺文社（旺文社文庫）　一九七四年八月
安岡章太郎　「ガラスの靴」『質屋の女房』新潮社（新潮文庫）　一九八〇年十月
三浦哲郎　「拳銃」『私小説名作選』集英社（集英社文庫）　一九八〇年六月
阿部昭　「自転車」『阿部昭18の短篇』福武書店　一九八七年四月
阿部昭　「自転車」『無縁の生活　人生の一日』講談社（講談社文芸文庫）　一九九二年五月
阿部昭　「水にうつる雲」『阿部昭18の短篇』福武書店　一九八七年四月
阿部昭　「水にうつる雲」『未成年　桃』講談社（講談社文芸文庫）　二〇〇九年九月
野呂邦暢　「鳥たちの河口」『鳥たちの河口』集英社（集英社文庫）　一九七八年二月

金井雄二◎かない　ゆうじ

一九五九年生まれ

詩集

『動きはじめた小さな窓から』一九九三年、ふらんす堂（第八回福田正夫賞）

『外野席』一九九七年、ふらんす堂（第三十回横浜詩人会賞）

『今、ぼくが死んだら』二〇〇二年、思潮社（第十二回丸山豊記念現代詩賞）

『にぎる。』二〇〇七年、思潮社

『ゆっくりとわたし』二〇一〇年、思潮社

『朝起きてぼくは』二〇一五年、思潮社（第二十三回丸山薫賞）

個人詩誌「独合点《ひとりがてん》」発行中

短《たん》編《ぺん》小《しょう》説《せつ》をひらく喜《よろこ》び

二〇一九年二月八日　初版第一刷発行

著　者　金井雄二
発行者　上野勇治
発　行　港の人
神奈川県鎌倉市由比ガ浜三―一一―四九
〒二四八―〇〇一四
電話〇四六七（六〇）一三七四
ファックス〇四六七（六〇）一三七五
http://www.minatonohito.jp

印刷製本　シナノ印刷

ISBN978-4-89629-356-2
©Kanai Yuji　2019, Printed in Japan